U0516783

〔美〕爱德华·胡美（Edward H. Hume） 著

杜丽红　译

中医与西医

一位美国医生在华三十年

中華書局

图书在版编目(CIP)数据

中医与西医:一位美国医生在华三十年/(美)爱德华·胡美
著;杜丽红译. —北京:中华书局,2020.7(2022.4 重印)
ISBN 978-7-101-14553-3

Ⅰ.中⋯　Ⅱ.①爱⋯②杜⋯　Ⅲ.爱德华·胡美-回忆录
Ⅳ.K837.126.2

中国版本图书馆 CIP 数据核字(2020)第 074817 号

书　　名　中医与西医:一位美国医生在华三十年
著　　者　〔美〕爱德华·胡美
译　　者　杜丽红
责任编辑　马　燕
出版发行　中华书局
　　　　　(北京市丰台区太平桥西里 38 号　100073)
　　　　　http://www.zhbc.com.cn
　　　　　E-mail:zhbc@zhbc.com.cn
印　　刷　三河市中晟雅豪印务有限公司
版　　次　2020 年 7 月第 1 版
　　　　　2022 年 4 月第 2 次印刷
规　　格　开本/920×1250 毫米　1/32
　　　　　印张 7⅛　插页 5　字数 200 千字
印　　数　6001-10000 册
国际书号　ISBN 978-7-101-14553-3
定　　价　27.00 元

爱德华·胡美（Edward H.Hume，1876-1957）
（照片由耶鲁大学图书馆手稿与档案室 Manuscripts and Archives
Yale University Library 提供，特此致谢）

DOCTORS EAST
DOCTORS WEST

An American Physician's
Life in China

By EDWARD H. HUME, M.D.

The way is one, the winds blow together.

W · W · NORTON & COMPANY · INC · New York

英文版扉页

英文版版权页

送小病人去医院

敬献给我的妻子洛塔（Lotta）和三个孩子——狄奥多尔（Theodore）、夏洛特（Charlotte）和乔伊（Joy），他们如此充分地分享了我的人生经历！

目　录

译者前言

本书是美国医生胡美（Edward H. Hume，1876—1957）的回忆录，英文版出版于1946年。胡美医生是湘雅医学院和湘雅医院的创始人之一，书中记载了他于20世纪早期在湖南从事医学工作的种种经历和见闻，是一部视角独特、叙述生动翔实的中国亲历记。

胡美出生在印度，他的父亲与祖父都在印度工作多年。他对于建立公共卫生的事业抱有极大的热情。他之所以决定来中国，也主要是因为听说雅礼协会有在华开办医学院的计划。胡美于1905年来到中国长沙，此时的湖南仍笼罩在太平天国的影响之下，以封闭与排外而著称，西医的发展举步维艰。作为一个外国人，一位外国医师，他小心翼翼地窥视着这片土地上的风俗人情，慢慢地站稳了脚跟，得到了当地人的信任与支持。后来，随着侯公孝、颜福庆等人的加入，雅礼医院的规模与日俱增，开创了湘江流域公共医学的先河，造福了万千人民。

透过胡美医生的文字，仿佛漫步于上个世纪的长沙，体味那时的人生百态。从街头巷尾、深宅大院到寺庙道观，从强盗土匪、平民百姓到士绅都督，从"他不懂医"、"他赶走了瘟疫"到"城市的救星"……将这一切串联起来的，正是中医与西医的碰撞，是传统经验与科学实践的交锋，是"道一而风同"的雅礼精神。我想，这段历史、这种精神应当被每一位公共医学者铭记于心，也值得被更多的人们所知晓，这是我翻译此书的初衷。星星之火，可以燎原，谨以此书献给为公共医学奋斗过的每一位先驱。

本书在2011年曾作为"西方的中国形象"丛书（黄兴涛、杨念群主编）中的一种出版，书名《道一风同：一位美国医生在华30年》。此次新版，根据英文书名 Doctors East, Doctors West: An American Physician's Life in China，将书名改为较显明易懂的《中医与西医：一位美国医生在华三十年》。旧版中存留的部分漏译、误译之处，借此机会对照英文版进行了增补和修订，并对全书译文进行了润饰。另外，还添加了一些必要的注释。

由于水平有限，此次修订难免存在疏误，恳切希望得到读者的批评，以俟今后再行订正。

杜丽红

2020年4月

致 谢

感谢所有全心全意投入到为湘雅事业奠基的同事：医生、护士、建筑师、秘书和工作人员。还有我的学术同仁，他们和湘雅董事会创始成员一起工作，为协助董事会发挥效能提供了无法估量的服务。没有这些朋友的通力合作，湘雅医疗计划不可能取得进展。

辛亥革命前的岁月里，活跃着四位医学同僚：海伦·盖葆耐①、妮娜·盖妮贞②、侯公孝③和颜福庆④。自1913至1914年建立后，湘雅医学专门学校的队伍迅速壮大。现在，人名实在太多，无法一一列举，但是他们的服务记录保留下来了，在中国现代医学建设中留下了不可磨灭的印记。

感谢前中华民国驻美大使胡适博士为本书题写了书名。同时也感谢中国的霍博士和杨博士为各章题写了中文标题。此外，还有四位学者提供了无价的重要帮助：哈佛大学燕京学社图书馆员裘开明博士（Dr. A. Kaiming Ch'iu），哥伦比亚大学中文系主任富路德教

---

① 海伦·盖葆耐（Helen Howe Gage）：盖葆耐（Brownell Gage）的夫人。盖葆耐为美国雅礼协会传教士，耶鲁大学文科硕士，神学士。

② 妮娜·盖妮贞（Nina D. Gage，1883—1946）：盖葆耐之妹，是1911年成立的雅礼护病学校创始人之一。

③ 侯公孝：曾在华北某西医医院当过见习生，1908年初为胡美所聘。

④ 颜福庆（1882—1970）：我国著名医学教育家和公共卫生学家，湘雅医学专门学校创始人之一。

授(Professor L. Carrington Goodrich)，国会图书馆东方部负责人恒慕义教授（Professor Arthur W. Hummel ）以及中国美国研究所负责人孟先生。真诚地感谢他们。

感谢以下机构，允许我复制照片：

1.中国新闻社，为本书提供了乔治·亚历山大拍摄的图片，他是美国国务院驻重庆情报部的技术摄影顾问。图片依次为：《一望无际的稻田》《强壮的水牛》《我的邻居》《吹糖人》《卖瓷器的小贩》《护士的先驱》《王医生，我的医学顾问》《医院的高级人力车夫》《在前线的湘雅医疗队》。

2.美国援华联合会提供了《竹篮里的小孩》照片。

3.黑星社提供了卷首插画《送小病人去医院》。

前　言

　　从远古时代开始，医学界的人们就孜孜不倦地学习其他医生取得的进步。只要超越界限，深入分享他人的文化和生活，发现医学的问题和方法，距离对他们来说就不是问题。旅行者显然学会了这些，因为他们记住了医学不仅有科学原则和技巧知识，而且还包括社会方式和人类同情。医学的目标，尤其是在应用方面，只有在"极其紧密地与人类思想的所有启示和经验资源联系"时才能达成。

　　中国医学和西方医学的相遇是不可避免的。中国并不是像很多人想象的那样，在长城后孤立地存在了几千年。万里长城是古老帝国联合起来对抗侵略者的纽带，同时也为许多人进进出出旅行提供了通路，交换着东西方的财富。献给国王的贡品和许多国家的财富通过这些关口进出，医学知识就是其中最具代表性的交换。

　　为汉武帝寻找伊朗马匹的旅行队伍中就有医生。他们穿过中国通往伊朗边境的沙漠和雪山，旅程长达十二年。中国医生携带着药物从伊朗返回，最后证明，这些药物对于中国比皇帝渴望的马匹更有意义。

　　当忽必烈攻打欧洲的时候，他的随行医生与伊朗医生之间就进行过交流。他们向伊朗医生和在土耳其遇到的医生传授接种牛痘痂防治天花的方法。

但这仅仅是交流的开始。7世纪到达中国的基督教牧师们带去了欧洲早期修道院和收容所使用的香油和药草。其他的宗教旅行者跟随这脚步，1300年左右，基督徒再次到达中国。那次，马可·波罗拜访了忽必烈，使他们了解了中世纪意大利的贸易、宗教、医学和政治。

16世纪，欧洲文化开始进入中国，主要通过教会使团，他们多是耶稣会士。这些传教士中最有名的就是利玛窦，他于1601年抵达北京。他和其他基督徒的学术讨论涵盖了伦理学、数学和天文学。1692年，三位耶稣会士使用秘鲁的金鸡纳树治愈了康熙皇帝的疟疾，那是罗马教廷刚刚寄给他们的。

谁知道16、17世纪葡萄牙的小帆船和荷兰及英格兰商船的医生带了什么药物去中国呢？

中国人不是普通的旅行者。在1516年葡萄牙旅行者拉斐尔·佩雷斯特罗（Rafael Perestrello）到达中国之前，"中国的地图绘制者就显示出对亚洲地区，从日本到红海，从西伯利亚到马六甲相当地熟悉。正如裴化行[①]（Henri Bernard）神父最近指出的，他们比当代欧洲制图者伟大"。

他们的航行带回了阿拉伯人称之为"阿芙蓉"的鸦片，还有香料、丁香和胡椒等等，这些将丰富他们的厨艺和医术。

虔诚的佛教徒法显、玄奘和其他人越过几乎是不可通行的喜马拉雅山脉，去印度学习佛教。返回时，他们带回的食谱和营养原则，成为

---

① 裴化行（Henri Bernard, 1897—1940 ?）：法国人，耶稣会士。于20世纪20年代末来中国传教，曾任上海徐家汇天主教堂神父、天津教区教长，精通中文。著有《利玛窦神父传》《传教士列传》等。

中国传统的一部分。他们还在防止传染病扩散方面创造了奇迹。

渐渐地，人们开始懂得欣赏跨地域或跨海洋的文化。朝圣者、使节、商人以及使团让互相欣赏成为可能。

15世纪后，东西方或因商业刺激，或因宗教、哲学信仰，或因艺术、医学，开始不可避免地向外发展。当他们相遇时，对于彼此的理解也增强了。

早期旅行者仅仅是出于好奇记录下异乎寻常的东西，并没有学习那些医学实践者的真正想法。不论来自中国还是西方，很多人开始时都对对方秉持着漫不经心，甚至可以说是蔑视的态度。他们常常带着一种优越感，如中国觉得自己是世界的中心，西方人则认为他们被授予商业天堂的光芒。几个世纪过去了，双方才真正让步，承认对方也有智慧。

真正无畏的人注定会相遇，因为他们的灵魂是相近的，他们的勇敢和坚韧是相似的。李时珍和施米德博格[1]观察到的是相似的物质，希波克拉底[2]和扁鹊也有类似的精神，尽管他们生活在不同的世界。内科学大师奥斯勒[3]和张仲景都曾给他们的学生留下不可磨灭的影响。

西方医生接受的是实验科学方法，他们一开始时怀疑中国医学是很自然的事情。几千年来，在没有解剖、没有对照实验的情况下，哪

---

① 奥斯瓦尔德·施米德博格（Oswald Schmiedeberg, 1838—1921）：德国药理学家，被誉为"现代药理学之父"。

② 希波克拉底（Hippocrates, 约前460—前377）：被尊为"医学之父"的古希腊著名医生，欧洲医学的奠基人，提出了"体液学说"，对西方医学的发展有巨大影响。

③ 威廉·奥斯勒（William Osler, 1849—1919）：加拿大医学家、病理学家、教育家，是约翰霍普金斯大学医学院的四位创建者之一，被誉为现代医学之父。他在北美推行的住院医师制度和床边教学制度深刻地影响了现代医学的教育体系，成为一百年来医学教育的基本制度，开创了现代医学教育的新纪元。

有什么科学研究的证据？科学家们质疑，药铺里售卖的药品，如龙齿、虎骨和鹿茸等，除了古人曾使用过以证明其重要性外，哪有什么可能的治疗价值呢？

　　然而，如果西方的医生怀着理解与同情来中国生活一段时间，那么他的看法就会逐步产生变化。在古代医学体系中，存在着某些未知的价值。古老的诊断和治疗方法并非完全没有道理。对于中医取得的一些疗效，西医也无法简单地解释。他们开始自问，当时有经验的中国医生是如何深入理解人性的，是什么让他们如此快地认识到隐藏在疾病表象下的社会、宗教和经济因素。

　　在中国生活一段时间后，西方人开始尝试理解中国的医学思想，中国人也开始认识到需要通过西方的方法达到科学医学。这是一段独特的经历。

　　本书是一份个人纪录，是一份关于一位美国医生如何发现医学是不同国家、不同文化之间的桥梁建造师的记录。

01 伟大的旅程!

前人開路
後人行

"尽快来中国。这里比印度更需要你!"

这份召唤来自毕海澜①医生,此时,他在中国,为耶鲁大学使团做一些调查工作。这让以为自己命运与印度紧密相连的我感到震惊。

"你在孟买所能取得的成就绝对不能与你在长沙的机会等量齐观,"毕海澜医生写道,"我刚沿长江而上参观了湖南。该省迄今为止被认为是排外的,但新签订的条约允许西方人在此居住、工作。这里的人们聪明、有教养、积极主动。他们肯定欢迎一位受过训练的西方医生前来开设一所现代医院。不久,你将能开办一所医科大学。这正是你应该工作的地方。来吧,别犹豫!"

"你将能开设一所医科大学",多么具有吸引力的话语啊!这正是一直以来我给自己设定的目标,不过我是打算在印度实现梦想。

为什么离开印度呢?我的父亲和祖父在这里工作了很多年。我是

① 毕海澜(Dr. Harlan Beach,1854—1933):美国公理会在华传教士,是最早创办中国基督教青年会人士之一。

在孟买执业的唯一的美国医师。我出生在阿莫德那格，在孟买长大。从我家后院可以看到前往加尔各答、马德拉斯、阿格拉和德里，以及恒河和印度河流域村庄的火车。黎明时，我站在家门口，向前往棉纺厂上班的工人出售小册子，获得自己的第一份收入，以换取糖果。这些可口但被污染的糖果使我感染了伤寒，在康复过程中我决定成为一名医生。印度是我家，我常常希望在那里工作。

从约翰斯·霍普金斯大学取得医学学位后不久，我被美国公共卫生部派往印度，定期报告当时正肆虐的黑死病。我的职责之一就是检查前往美国港口货船的清洁，保证防鼠措施的到位，根据规则对货船的每个角落进行消毒。此外，我接受了著名的俄国科学家哈夫金①瘟疫实验室方法的培训，他发明的抗瘟疫的疫苗拯救了无数印度及其他各国人民的生命。为什么要离开有确定机会的印度，而前往处于危机中的中国去面对未知的境遇呢？为什么要带着我们尚在襁褓中的儿子泰德前往日俄正激战的中国海域呢？

在前往印度的前一年，我就听说了耶鲁大学使团关于中国的计划。我知道了在纽黑文的安森·斯托克斯②家召开的著名会议，当时该计划已经在朋友间传颂。他们被告知耶鲁计划的原型是牛津大学和剑桥大学在印度的使团。那时，我第一次收到前往中国的邀请。我被邀请与德士敦③，他是1902年任命的人选，一同去往中国，成为最早派往那里

---

① 哈夫金（Haffkine，1860—1930）：出生于俄国敖德萨，1899年加入英国国籍，著名细菌学家。他研制成功了预防霍乱疫苗，并尝试研制了鼠疫疫苗。

② 安森·斯托克斯（Anson P. Stokes，1874-1958）：时任耶鲁大学校长秘书。

③ 劳伦斯·德士敦（Rev. Lawrence Thurston，？—1904）：雅礼协会主要创始人之一，1902年赴中国传教，1903年患肺结核，次年在加利福尼亚州去世。

的医师。我的印度经历使我当时拒绝了这份邀请。那为什么现在这个问题又被提及呢？

我再次想到毕海澜医生信中提到的"开设医科大学"。而在印度，我并没有这样的机会，因为政府已经在主要省会城市开设了医学院。此外，当时美国社团显然不准备利用基督教赞助在印度建立医学院。我在印度的工作前景开始黯淡。也许在中国会有更好的机会。犹豫几周后，我决定前往中国。

乘船穿越印度洋时，我不停想起父亲爱德华·萨科特·胡美。当年他带着年轻的新娘前往孟买，担任一所男女同校中学的校长，在那里度过了近三十年。他教我热爱拉丁语和希腊语，这些古典语言伴随了我一生。他的影响使我将东方的孩子们当作童年的朋友。

我还回想起自己的母亲，她出生在马都拉。六十年前，她的父亲约翰·艾迪·钱德勒穿越印度洋，在印度南部以传教士的身份度过了余生。

我想起祖母给我讲述的，有关她与我的祖父罗伯特·维尔森·胡美1839年一起赴印度的旅程中的生动故事。他们乘坐坚固的双桅船"维尔利号"离开塞伦前往孟买。我似乎可以看见"维尔利号"在印度洋与雨季作斗争的情形。祖母曾告诉我，尽管她很乐于与丈夫共享使团经历，但却很难接受他坚持在婚礼上交换《圣经》而不是戒指。祖父说，戒指对一位传教士夫人来讲太世俗了，就像他要求她留下的那枚珍贵的胸针一样，尽管胸针在当时是贵妇人着装中必不可少的一部分。离开家和朋友的艰难如斯。

祖母故事中最吸引人的是她与桑给巴尔苏丹的会面。当"维尔利号"在桑给巴尔补给水和其他物品时，好客的苏丹邀请船长和乘客到王宫参加欢迎宴会。客人们坐在宽敞的客厅，苏丹指着角落里的东西，问游客们是否知道它是什么。那是维多利亚女王送给他的礼物。一架老式的正方形钢琴，被倒放着，四角朝天，好像某种巨大的虫子。

当祖母告诉苏丹那是什么后，他命令仆人把钢琴摆放正确。祖母是位有造诣的音乐家，正为离开她的钢琴而悲伤。她为苏丹演奏了所有记得的欢快的曲子。他不停要求弹奏新的曲目。不一会儿，他派遣给总管一份差事。几分钟后，宽敞的中门打开了，总管带着六个年轻的桑给巴尔女人返回。苏丹带着她们来到祖父面前，指着祖母说："先生，请你带走这些年轻的女人，将她留给我。"

这是祖母在东方的第一次冒险经历。现在我也要前往未知的土地。1905年，在即将驶入太平洋的途中，我想象着自己将面临什么。

不久，在沿着中国海岸线，从香港到达上海的四天航程中，我得知我们不会被卷入战事中去，这也算是个不小的安慰。那天下午，船长在布告板上贴出一则消息，宣布日俄刚刚签署了停战协议。日本获胜了。现在的中国海域不会再有战事了。

6月19日下午，船体四周的水明显地混浊起来。在甲板上，路过的大副停下来告诉我们，凌晨时分船已经到达了长江口。我们尽量睁大眼睛，可以辨认出类似于太平洋珊瑚礁边缘的、仅仅高出海浪的海岸线。

不久，船身紧急左转，我们发现已经身处挤满各种船只的黄浦江中，从舢板到远洋轮船，应有尽有。比岸上的东西更引人注目的是，船头两侧各画有一只巨大的眼睛的帆船。大副发现我们好奇地看着这些船时，就告诉我们说，中国沿海的所有舢板都有这样的眼睛。人们

安全航行的眼睛

认为，没有它们，船只就看不见前面的路。后来，当我们在中国内河来来往往时，也发现这些警惕的眼睛会使水手和乘客们安心。

当我们的船在黄浦江中拐弯时，一艘扬起全帆的大船从我们的船头边擦过。被激怒的领航员用叮当的铃声命令船只立即转向。大副看见我们的惊慌，告诉我们舢板船长经常这么做，他们认为，如果能直接在大船前面穿行，就能够驱除任何可能追逐他们的厄运。看到领航员已经避免撞到冒犯者，大副松了口气，说道："当你在长江上航行时，将会发现很多水手在舰桥处都放有装满石头的篮子，用来对付那些耍这种奸计的人。这比咒骂有效得多！"

　　五点过后，船停靠在上海港码头。上岸后，我们便乘坐人力车离开，度过了在中国的第一晚。上岸后的第一时间，我就提醒自己，我不仅仅是个游客，也不仅仅是个环游世界的观光者。在这之前，我们从未在小旅馆住宿过。一天，从香港带来的照顾小儿子泰德的阿嬷走来告诉我："主人，一号房的男孩病了。他请你去看病。"这位阿嬷是在这段旅途中临时服务的保姆，只会讲不太标准的英语。那时我并未意识到她所说的"看病"是一个日常用语，是一个所有中国人请大夫都会用到的古老词汇。

　　到达上海后的第三个晚上，我们又上路了。舒适的汽轮很早就出发了。我们醒来后，从特等舱窗户往外望，发现汽轮正沿着河岸前行。大地沿着船舷向外延伸，直到肉眼看不见的地方。那是一种可爱的浅

一望无际的稻田

强壮的水牛

绿，是稻谷新芽的绿。在某些地方，新发芽的稻子正被从温床移植到水涝地里，这样很快就能成为真正的稻田。经过一块水田时，我们看见一头懒洋洋的大水牛，一个小男孩正舒适地骑在它的背上。刚好在前一天，我们看到这种强壮的动物在泥泞的地方耕犁。今天，它和背上的小男孩一起享受着清闲的生活。

河道里满是舢板。在清晨阳光的照耀下，到处是刚用桐油刷过的船体，棕色的帆、白色的帆、蓝色的帆、正方形的帆和长方形的帆！大多数时候，船上只剩下竹子做的架子，上面挂着些破破烂烂的粗布衣服，几乎不能迎风行驶。所有的船，无论大小，好像式样都不同。船长给我们转述了中国水手告诉他的事情。"河上的每个村庄和城镇都有自己的舢板式样，"他说，"那边那种有点方的运货舢板来自南通，就是我们刚刚经过的一个小地方。它前面的那种长船往返于杭州以北的大运河上，在镇江进入长江。帆的样式和舢板一样，各地都不同。"然后，他补充道："我在长江上做了二十年的水手，直到现在才能辨别它们。那艘正缓慢航行的有着高桅杆的大舢板，是前往湖南的盐船。它在海港装载盐，然后运往长沙。"

长沙！船长在描述长江上的船只时，我们听到了这个名字，热切听着，并希望能再次听到。这本是我们唯一能理解的单词。但现在，因为他提到了我们的目的地，所有的谈话都好像有了意义。

船长转述着水手所讲到的有关这座内陆城市的情况。很多下游的人们并不了解长沙，有的也许只是知道它在太平天国被镇压时的故事，很少有人知道它是个重要的贸易中心，盐从海边运到这里，向更小的船只分发。

船长指着一队货船说，他们应该会对医生有兴趣。他们来自长江上游峡谷的万县，将毛地黄、附子及其他中草药运往海外。他告诉我，四川供应了中国四分之三的植物类药物，还有大量运往海外。所有这些都经由长江的货船运输。

船行三日后，江面仍有一英里宽。江水也足够深，可以让来自欧洲和美国的海轮自由来往。我们继续前行，日复一日，长江好像已经控制了我们的一切。靠近水面的是流动的沙洲和危险的激流，深处有许多暗藏的礁石。在巨大水流的深处，有着古老中国生活和传统的永恒与坚定。长江发源于远方，它的洪水量不断地因小河小溪而增加，每个支流都成为较大水流的一部分。没有激浪，没有泡沫，它们悄无声息地汇入长江的洪流中。长江是中国数千年历史的象征。

02 被封的石拱门

入境問禁

入國問俗

　　终于，我们进入湖南境内的湘江，再逆江而上近百里就到长沙了。始自孟买的旅途就要到达目的地了，这让我们非常兴奋。

　　那个夏日的午后，湖南看起来非常可爱。船左边低矮的红土山上覆盖着绿色，茂密的树林中排列着淡绿色的竹子和深绿色的樟脑树。前方，我们能看到湘江逐步变宽，流入洞庭湖。右边，则有两个绿岛。最近的是平山，意思是平坦的岛屿，看起来却像是凸起多石的沙洲。它大概有一英里长，好像无人居住，只有野鸡和其他鸟类。远处的是君山，意思是君王的岛屿，覆盖着浓密的植物。我们可以辨认出江边一丛丛的房屋。这是中国历史传说中的岛屿之一，据说舜南巡之时，他的爱妃娥皇女英寻夫至此，曾在这里居住过。

　　我沉醉于如此美景，几乎没有听到走近的脚步声和轻便折叠躺椅收起的声音。一位中国游客用毫无瑕疵的英语打断了我的遐想："这是你第一次到湖南吗？"

　　当他听说我从未到过湖南，就告诉我湖南是他的故乡，但他一直在上海做生意，时间长得以至于他自己都感觉到像个外来者了。

我想，他一定知道许多我想知道的中国的情况。于是，我请他和我聊聊。他已经离开湖南五年了，正好奇地想看看同省人对于目前的政治发展有何反应，尤其是对于几年前有关条约允许外国人进入湖南旅行的反应。他说，该条约允许外国人在湖南省会长沙居住。那里的守旧人士和保守派士绅仍然在反抗，认为"在长沙"的意思并非允许外国人在城里居住。去年，一位英国人两次试图在城内租住一所房子，但都被官府派来的士兵驱除。湖南的地方士绅给官府施加了巨大压力，将外国人驱出长沙城，现在的他们正与北京政府处于严重对立中。

话锋一转，这位中国士绅开始谈到我们正经过的湖泊。"这里是洞庭湖流入长江的地区，"他告诉我，"是天下闻名的中国粮仓。这里的稻子每年两熟，有时三熟。人们用大船运出大米，多数被输往沿海各省。"

较之湘江和绿油油的河岸，我对这位朋友刚刚讲的事情更感兴趣。"你是不是指湖南的人民仍然非常保守排外？"我怀疑地问，"他们仍不愿意任何'外国人'住进省城内？为什么？我刚刚被美国大学一群家伙派往长沙居住，准备在那里开办一所现代医院。我的同事和我希望能成立一所研究机构，最后开办一所艺术学院和医学院。我确信美国的管理机构的受托人认为他们派出的人员在长沙会受到欢迎。"

在回答我的问题之前，那位绅士点燃了一支香烟。如果说他好像有点困惑，也仅仅持续了一会儿。他问我："关于中国的庚子年事及政治近况，你了解多少？"发现我所知不详后，他便告诉我有关仇外的背景。

1900年前的十年对于中国来说，是一段非常糟糕的时期。一个接一个的欧洲国家开始在中国不是割裂土地，就是划分势力范围。1898年，德国在山东半岛划定势力范围，占领了主要海港，修筑了从海港到省城的铁路，宣称在全省范围内拥有开矿权，并开设了其他租界。外国人仅仅采用了强烈抗议的方式，清廷没有任何抵抗就屈服了。很快，爱国秘密社团迅速蔓延开来，主要就是为了把低效的清廷赶下台。

忠心的中国人相信他们是汉朝、明朝的后代，仍然把1644年后篡取政权的满族人当成是外国人，认为这样的他们没有权利把中国出卖给西方人。北方最强大的秘密社团叫义和团。他们决定占领北京，驱除皇太后。但是，老谋深算的慈禧太后听闻这个计划，凭着她的精明，设计将义和团攻击的目标从满族人转向西方人。她说服她的政治伙伴相信，美国人、英国人、德国人和其他欧洲人应当对中国的混乱局面负责。

最后，义和团开始在北京城内攻击外国人，将他们赶到英国公使馆，并连续攻击了很多个星期。到了盛夏，来自美国、英国及其他欧洲国家和日本的军队组成了八国联军，从天津出发驱散义和团，解放了被包围在公使馆的外国人，并威胁要抓获慈禧太后。然而，她已经逃到了陕西省省会西安，并让朝廷在那里运作了几个月。之后，她被允许返回紫禁城，在那里，继续维持着老朽的帝国。

我问道，是否因为她的复位让湖南人如此排外。

"不是，"他回答道，"而是1900年夏八国联军占领北京时，外国军队从海上到陆地，一直与中国军队战斗，并杀死了数千人。"

令湖南人愤慨的是，每年分摊的向外国人赔款的比例。此外，正当湖南人以为湖南省能以禁止外国人入内的方式与中央对抗而沾沾自喜时，清廷签署了允许外国人进入该省特定中心城市居住和贸易的条约。湖南人愤怒了，这种愤怒可能持续很长时间。

他指出，近四百年来外国人总是坚持要求按照他们的希望进行贸易，忘记了中国人也有选择进行抵制的权利。中国是个商业国，商人常常被看作是四大社会阶层——士农工商之一。许多世纪以来，他们在四大海洋航行，南到太平洋诸岛，西到红海和波斯湾。但是他们的目的仅仅是买卖，而不是把中国的贸易方式强加给别人。

这位来自湖南的绅士断定："环视我们的海岸线，看看自葡萄牙人首次登陆以来这四个世纪所发生的事情。每个地方都有开火、屠杀、掠夺的事情，如果外国人在冲突中死亡，就会要求赔偿，或是现金或是割让土地，或两者兼有。从此处向西，约一百英里的某地，三年前有两个英国传教士被愤怒的人群打死。结果一如往常。英国领事登上炮艇，不久北京政府同意赔偿，并允许外国人在湖南的广大地区居住。"

之后，岸上有什么东西吸引了他的注意，他说："看那边，靠近我们的河岸上有大路穿过的石拱门。我在上海听说过，但还没有见过。你看看这大门，矗立在湖南省的每一个入口，完全被石头、砖和石灰封住。我想，所有的交通都必须绕道乡村。湖南的士绅们把它封上，就是一种他们不希望外国人入省的信号。"

这位同行者的话让我震惊。纽黑文那些确信长沙会张开双臂欢迎我和同事的委员们怎么办？我筹划的临床工作以及天花和伤寒疫苗接种运动，还有医学院，怎么办呢？没办法，我只有自己看着办，不能回头。

夜幕很快降临了，船在距离岸边很近的地方停下来过夜。一对野鸡被锚链的咔嗒声惊吓，呼呼飞起，掠过被封的石拱门。

03 长沙城

攻城为下
攻心为上

　　我们的船系靠在长沙码头，岸边各色人等的叫嚷声和兴奋让人难以置信。甚至在引擎熄火之前，就有几百人站到码头边缘，试图跳上甲板。

　　多么宽阔的河流！多么雄伟的城墙！我们已经听说长沙一年了，但是，百闻不如一见。

　　人群涌向甲板时，我不停问自己，友好还是仇视？很快我就发现大多数人都是寻找搬运行李机会的苦力，还有来自沿江街道无数小旅馆的拉生意者。在船停靠稳当之前，至少有五十人涌上了甲板。不久，一张熟悉的面孔在热闹的人群中出现了。我的医学同事席比义①迎接我们的到来，他一年前就来到了长沙。安排好行李，他让我们上了轿子，然后告诉轿夫目的地。我看着前方拥挤的街道，怀疑我们能否通过。

　　我们走向城墙时，突然看见一群人聚集在靠近城门的警察局墙壁

---

　　① 席比义（Warren Seabury, 1877—1907）：耶稣会传教士，雅礼学堂的创始人之一。1907年，在庐山度假时游泳溺水身亡。

上的一张布告附近。我让轿夫慢些，等席比义赶上来，告诉我布告上写的是什么，看起来很危险。他赶忙认真地阅读了布告。

"显然，湖南士绅给陈长官施加了压力，"他说道，"陈颁布法令，宣布政府不允许商家在长沙城内向外国人售卖任何财物。要是这样的买卖是绝对禁止的话，我们要找到建立预备学校和医院的地方将会很麻烦。"

过了一会儿，我们到达小西门，那是个隧道似的洞口，径直穿过厚重的城墙。这是另外一个牌楼吗？渐近的洞口好像是通往古老地牢的入口。当我的妻子第一次仰视它的时候，抱怨道："我们将在那道墙内生活吗？晚上我肯定睡不着。我会感到巨大的石头压着我。"

我们穿过"隧道"进入城市的街道，喧闹声和嘈杂声变得让人难以置信。他们是在从事日常工作，还是在酝酿叛乱呢？我们全神贯注地观察着，很快就感觉到这些街道有着不可抗拒的吸引力。城市的生命好像随着那些街道不停来回跳动。我们经过了许多前门大开，连橱窗都没有的店铺。苦力们抬着米袋、蔬菜，甚至是建筑用的石梁或石条，蹒跚而行。

有些人运送着比木头或石头贵重的货物：在挑担一端的竹筐里，一个小孩疑惑地看着我们。搬运人大摇大摆地走着，向人群大声喊着"闪开！借光！"我们看见很多苦力在小茶馆里饮茶休息，还有的则在提供公共吸烟管的地方抽上几分钱的烟，老板们把长长的竹烟筒递给需要的人。

母亲们看见我们，立即把孩子藏在身后，以避开"罪恶的眼睛"。有的人则在我们经过的时候捏住鼻子。阿嬷曾告诉过我们，西方人的味道太特别，以至于中国人不用看就能知道我们的出现。后来，美国同事告诉我，有些年轻人跟在轿子后面大叫"洋鬼子"。幸运的是，在第一天下午，我们并不知道路人在说什么。

在一条街上，我们遇到了一位老奶奶，穿着打补丁的衣服和裤子，坐在手推车上。她好像对繁忙城市街道的景象和声音非常兴奋。平常，她的小脚限制她只能在农村自家院子里活动，但是今天她是在省城呀！她不安地坐在手推车的一边，车子的另一边则放着她购买的物品，包括几个点心盒和一对云南火腿，都绑在一块浅色的方巾里，以保持平衡。此外，她并未忘记带上自己的白色小茶壶和水烟筒。我在想，她是否会成为我的病人呢？

很快，我们到达了南大门，转进后来常常被称之为"运仑钱庄隔壁"的入口。房屋没有门牌号码，常常以它附近有名的商店或学校命名。我们快要进去的时候，席比义赶上我们。"不要害怕街上那些穿制服的人，"他大声说道，"地方行政长官亲自负责城内西方人的安全。他特别指示两名全副武装的卫兵日夜在那个小小的岗哨屋里值勤。他们将记录你们所有的行动，并把你们所有来客的情况报告给警察局长官。他们收到命令，负责护送你们外出。"

走进大门，向前直行几步，然后左转，再左转，接着右转，穿过厚重的大门，便进入了前院。大多数中国人的房子都有这种弯弯曲曲的路，这是一种古老信仰的遗迹，即相信邪恶的灵魂可能在寻找入口，而在路上右转就能摆脱掉他们。有时，在大门前建造一面高达十英尺的刻有龙的图案的影壁，来达到这种目的。

从前院继续前行，穿过走廊和另一个院子，才到达房屋的前门，

大门前华丽的影壁

轿夫们停下轿子。我们开始审视这座即将成为我们临时居所的房子。房屋四周筑有高墙。这是防火墙，在每个拥挤的城市都有这样的墙用来防火。我们非常高兴能够远离主街。住在封闭的小卧室里，隔绝了外面的噪音，预防了火灾。很远，很好。但是，在很长时间里，我都不能确定长沙城是否会像第一天见到的那样危险。

04　西牌楼街^①

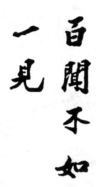

　　在长沙开始工作之前，最好学习一年的汉语，于是我们全家和中文老师杨熙少一起搬到三百里外的山区——江西牯岭。对我和其他人来讲，牯岭是座真正"有魔力的山脉"。

　　第一个冬天，杨老师给我的汉语启蒙开了一个好头，并告诉我，我应该取个中文姓。他说，没有中国人会称呼我的英文名字。于是，我们翻查了有近千年历史的《百家姓》。随着时间的流逝，姓氏数量不断增加，比西方世界的任何社会记录都重要。我们在这些姓氏中找到了一个适合我的。很快我就学会了，如果有人问我："贵姓？"我会毫不犹豫地回答："敝姓胡"。现在的我是胡医生，这是在中国的任何地方都可以说通的身份。胡医生的生命便从二十九岁开始了。

　　1906年，我们回到长沙，仍住在南大门街的临时住所。我也开始着手处理第一个问题——寻找开办医院的地方。相隔一年后，我想

西牌楼街上的猪

知道长沙的士绅对外国人的敌意是否彻底减退了呢？是否有人不理会"湖南是湖南人的湖南"的传统呢？

　　一天晚上，夜已深，门人通告有位来访者。我在客厅里用茶水接待了他。我们先谈论了些琐碎的事情。能与一位完全不懂英语的长沙士绅进行交谈，这令我十分高兴。后来，席比义也加入了我们的谈话。喝了一会儿茶后，我们的客人看起来打算离开。就在走到客厅门口的时候，他犹豫了一下，然后说："我们能一起再多坐会儿吗？我有点小事要向你们报告。"

　　我们热心地听着客人介绍情况。他是位泥瓦匠包工头，在长沙城内许多地方承包建筑工程。同时是路德教会成员的他，在教会里听说我们正在寻找开办医院的地方。

这位包工头停下来，仔细看看四周，确定没有人偷听后，补充道，他为我们在西拱门大街的西牌楼找到了一处房子。西拱门大街是从东往西穿越城市中心的商业大道。

"不要给任何人提起此事，"他警告道，"仆人们不能知道任何情况。我会安排你们考察的。"他鞠躬告辞了。

第二天，我和席比义步行前往调查。包工头告诉我们不要考虑走进房子的事情，因为这样会危及整个计划。如果沿街的商户知道外国机构要搬到他们的周围，就会变得疑神疑鬼。"你们只能在外面走走，

西牌楼街的店铺

看看地方有多大。"他指导着我们，"然后，看看我为你们画的图。我一直负责里面所有的泥瓦工作。那是个巨大的米仓，后面是起居室，非常适合你们办学校。"

我们在街上来回慢慢地散步，一次又一次经过这座庞大的高墙建筑。它的左右都是小商铺，但是这个地方对于学校来讲足够大了。不能走进去让人很着急。沿街五十三步！从承包人画在一张发黄草纸的草图上，我们知道了里面的情况。每个房间、每个院子都标明了。从前门到后墙共有整整三百英尺，图上清晰勾勒出每个门、窗户和平顶，甚至包括通到屋顶的后楼梯。

我最关心的是找到开办诊疗所的地方。就在我们为购买学校的地产而讨价还价的这一周，也是在夜深后，一位罗先生出现了。我们一起喝茶，谈论河水的高度和稻子的产量。后来，他大胆地问我们，是否真的想租房子作为医院？他想让我们看看中央旅社。旅社后面有外屋，是养猪的地方。他明确表示，所有这些都很容易移走。他认为这个位置非常理想，位于城市中心，而且听说街对面有处房产可以作为学校。他第二次来访时，我们同意租用他的房产。接着，就是不断地讨价还价。我们在第一份协议上写下所有的事项：谁负责维修屋顶，谁到税务部门完税，每月的租金是以"光亮"的美元还是"商业"的美元支付。

我们获得了许多有关长沙贸易方式的知识。在最后时刻，出现了一个小麻烦。我们要求罗先生把最初的协议草稿给我们存档。我们的秘书刘先生将会给房东和租户各抄录一份。然而，协议却不见了。我们在进行谈判的茶桌上四处寻找。在这以前，也没有人离开过。我坐在罗先生对面，突然发现他的丝绸长袖里露出了协议的边角。

"哦，是的，它在这里，"看到我注意到了它，他说道，"你想保留吗?"他问道，没有任何尴尬。此后，所有的事情都进行得很顺利。刘先生担当我们的中间人，以他个人的名义购买了用作研究机构的地产，这样就避免了同城内长者的冲突。他还为我们租借了诊疗所和医院的房子。我们和他私下里签订了协议，规定他拥有的所有东西完全归我们使用。

我们花费了几周的时间将破旧的客栈彻底改造成诊疗所。前门附近有一口井，后院也有一口井，供给洗漱和打扫卫生用水。每间屋子都喷洒了足够多的杀虫剂，所有的墙都被反复刷白。屋顶安置了新的排水沟，以排放二月到六月的倾盆大雨；安装了新的玻璃门窗，取代了旧式的纸质门窗。很多几乎没有光线的角落安装了新的天窗。

我们对等候室、接待室、药房和咨询室，以及小实验室的位置达成了一致。但我们是一开始就设立手术室，还是日后再说呢?

当时，湖南省还没有做过大的外科手术。中国朋友建议我们慢慢地、非常慢地开展大手术。"你们只可以做简单的外科手术"，他们警告我们，"做那些能在挤满旁观者的诊疗所里进行的手术。不要冒险。等一两年，直到人们足够了解你后。别太着急推进!"

因此，我们决定延后开设手术室。医生有一间粉刷一新的小办公室，角落里很整齐，可供守夜夫睡觉。不需要别的了。事实上，如果我们有一点点显摆或奢华，就会给所有的街坊邻居留下不好的印象。我们只准备了四间工作室，面朝街道的走廊每边各两间。我们处在大家中间，与商店店主和旅馆主人为邻。我们决定敞开大门，让每个人都可以自由参观。

终于，在1906年11月中旬，一切准备就绪。我们在医院前竖起八英尺高的栏杆，让行人不用太好奇。还有一块七英尺长三点五英尺宽的黑漆大招牌，四个金字写着：雅礼医院。

对面街道挂着一个类似的标牌，写着：雅礼学堂。这是我们为男孩开办的预备学校，是雅礼协会开办的学院的前身，正如诊疗所作为现代医院和医学院的前身一样。学院开张时有五十三名学生。

医院的职员就不如建筑那样值得一提了。一位朋友向我们推荐了周先生，他有文化、懂礼节，据说是位理想的看门人。他的工作是全天的，早晨登记诊疗所的病人，注意可能的麻烦制造者，检查进出的所有包裹。开始时，医院只有两名职员：守夜夫和我。守夜夫原本是苦力。为我工作的一个星期前，他以从南门外有名的白沙井挑水进城为生。他有宽厚的肩膀和强健的肌肉，整洁、有礼貌，但也仅此而已。甚至连打扫卫生这种工作都不在他的能力范围之内。到我们准备好开展手术之前，我能相信他吗？

但是，我们俩在一起连续工作了几个月。试图让前来医院的所有人都感到愉快，保证来看病的每个人在离开时都感到他得到的服务物有所值。只有这样，医学才能在长沙建立起友谊的桥梁。

05 "五十文！不能再少了！"

船要撑 箭要争

新医院开张了！在雅礼医院开张的日子，我肯定比十七年前，即1889年，约翰斯·霍普金斯的创始者们在巴尔的摩创办伟大医院时更加兴奋。

这里，最终将成为我把从伟大老师们——奥斯勒、韦尔奇[①]、霍斯特德[②]和凯利[③]那里学到的知识付诸实践的地方。现在，我真的成为一所位于中国核心省份的省城中心的狭窄而拥挤街道上的医院的院长了，尽管它很小。

我们在长沙主要的报纸上登载了公告，在墙上粘贴了布告，说明诊疗所将在上午向病人开放。我们给陈长官和其他省城官员写了正式信件，提到我们"朴实无华的建筑"将对外开放，希望不久后他们能正式到访。

[①] 韦尔奇（William Henry，Welch，1850—1934）：美国著名病理学家，医学教育改革者，他是约翰斯·霍普金斯大学医学院首任院长，亦是公共卫生学院创始人。

[②] 霍尔斯特德（William Stewart Halsted，1852—1922）：美国著名外科医生。

[③] 凯利（Howard Atwood Kelly，1858—1943）：美国著名妇产科医生。

第一天早晨，好奇而疑惑的人群围在门口，看谁会第一个问诊。最后，一个看起来有些害羞的男人好像克服了犹豫，走向守夜夫。

"多少钱？"他羞怯地问道，"我想挂号！"

"每人五十文！不能再少了！"五十文等于美元的两分，"你先领取号签，再看病。先来先看！"

"四十文，"病人大声说道，"开张的时候应该便宜点。"

我坐在里屋，但也能听到讨价还价的声音。我想到街上的粮店和大的布料店在新开张时，常常会有些折扣。当然，他们购物时很少不讨价还价。通常的规则是，店主定价，顾客还价，然后佯装离开。店主会在潜在买主快要离开视线时，将他喊回来。一旦协议达成，买卖双方都不能反悔。这样就具有法律效力了。无论谁在我们门口挂号，都会被视作达成协议。

但是，守夜夫态度很坚决。"每人五十文，不能再少了！想想你到长沙有名的中医那里看病的价钱，你就知道这有多便宜。"

接着，来了第二个人，第三个人。后面是一位穿着破烂的妇女，抱着孩子。她想给自己看病，也想给孩子看病。她希望医生能看看那些肿胀的甲状腺，并希望只出一份挂号费。

又来了一位来自雅礼学堂的男孩。他不需要挂号，学校每月给学生有医疗保健。不久，十二个病人安静地在候诊室里就座。守夜夫打铃，宣告上午的号满了！

我坐在那里听着挂号处的交谈，回想起刚到达长沙那天小西门警察局墙上的布告。如果地方士绅知道我们准备开设诊所，他们会驱逐我们吗？几年前，他们坚持让一位美国工程师将铁轨移到城东，不许靠近城市的东南角，也许是怕打扰南门外的祖坟。当然，他们都知道我们，因为刘先生将租约带到衙门确认过。这样的交易在中国是不可能保密的。

我也想知道，普通市民会如何看待这个新机构。他们相信有关"外国医生"的药是用小孩子眼睛制成的谣言吗？他们是把这种新式西医当成最好的医者还是划归在算卦者或占星家之列呢？当然，友好的市民在发生紧急情况时可能想到西医，但却不会把他们看作最好的医生。

事实上，此前一周，有些名门望族曾派遣仆人前来询问诊费和在雅礼医院治疗的费用。城里没有穷人支付得起医疗费用的公共诊疗场所。

当然，我们知道一开始不可能来很多人。他们可能派人前来侦察、试探我们，然后回去向家人汇报。接着，他们会在家里议论我们，如果不是十分满意，会再派其他人前来查看和询问。

当然，母亲们可能会比较保守。长沙的每位母亲都能用适当剂量的大黄、甘草和肉桂给孩子治病。她们知道如何使用这些以及其他一些普通药物。在咨询我之前，她们肯定已经试用过它们了。毕竟，我是位"外国医生"，怀疑我是非常自然的！如果药物没起作用，母亲们常常会到寺庙祈福。从孩提时代起，她们就知道到寺庙祈祷常常被证明是有效的。她们被灌输了一种观点，那就是：有求必应。

在中国的城市里，宗教和健康问题自然地被混为一谈。雅礼医院开业的时候，应该有祈祷和拜神。一位中国牧师前来为主持开业仪式。他朗读了《新约》上一位医治者的故事：大约两千年前这位医治者发现有位跛子躺在毕士大池，他的提问惊醒了病人，"难道你不想重生吗？"

　　人们注视着这位发言者，倾听着非常感人的讲演。"这所医院是那位伟大医治者的追随者建立的，"他告诉他们："今天在长沙开业了，正如医治者所做的那样，给官员以及城里所有人带来希望。请你们告诉朋友们有关雅礼医院的情况。如果他们胆小，请陪同他们前来。很快他们都会知道这是个能治病的地方，所有人都被当作朋友。"

＊　　　＊　　　＊

　　第一天上午，人群散去时，一位湖南农民胆怯地对我说："先生，你来自哪个省？恐怕来自宁波吧？"

　　我匆匆看了他一眼，发现他双眼患有白内障。他也许只能看见光和阴影。他听得懂我的中文，他的询问是恭维，或仅仅是循例问问？

　　"先生，我明白你说的每个字，"他补充道，"但是，今早诊所的人们告诉我你不是湖南人，因此我在想你是哪里人，也许来自宁波。"

　　"不是的，"我回答道，"我来自美国。我刚到湖南不久，中文还很差劲。"

　　"你不必贬损自己，"他坚持道，"人们可能误以为你是湖南人。你说得很清楚，还知道一些我们的俚语。你刚刚是不是说你在长沙的时间很短？"

　　他的话使我的精神得到了巨大的鼓舞。看来和杨老师一起学习的日子没有白费。他教会我以什么样的方式接近病人易于被接受。今天早晨就用到了他最初教我的句子！

　　你病了几天？

先生的病不要紧!

快好啦!

老人继续问我,"你是在长沙学的中文吗?"

"不是。去年来到这座城市时,我一句中国话都不懂。"我告诉他,"此外,当时我们没有地方开设医院,因此我聘请了长沙的杨先生,我们一起到江西省庐山地区的一个小村庄居住。整个冬天,他每天都给我上课。你在开业这天来到我们的医院是我们的荣幸"。

"先生,"病人继续说道,"你已经学到了中国有句谚语的精髓:礼多人不怪。我听到你询问每个病人,'请问尊姓大名? 府上住哪里?'我就知道你很容易交到朋友"。

客人离开时,深深鞠了一躬,"不久,我就会过来请你医治眼睛。我相信你能开刀做手术"。

这是难忘的一周。我们现在真正走上正轨了。所有的猪都从中央旅社后院清除。老建筑被清洗并粉刷一新,空间进行了简单的分隔。工作团队也开始组建。我们已经有了医生、勤务员和看门人,他们住在院内。显然,我们还需要一位厨子。在聘请之前,我们召开会议,从街对面请来刘先生给我们建议。我们同意他的意见,因为我们使用的是中央旅社的老房子,所以应当聘请一位曾在该旅社工作的厨子。厨子和我们签订了协议,为工作人员做每日三餐,每人每月的标准是三元。该标准与雅礼预备学校男孩的餐费一样。我们的职员很少,每餐三个素菜,偶尔加肉。

06 "他不懂医！"

三指活人性命
不为良相
便为良医

两年后，一位中国医生——侯公孝加入了我们。他曾在华北长老会所属中国北方某个医院接受过学徒训练，他的到来使我们与西牌楼街居民的关系更融洽了。这位中国医生用与"外国医生"一样的方法诊治病人，但是他更懂得他们的语言和习俗。

他来后不久，我们的诊所开始整天都挤满了人。天刚刚亮，人们就敲打前门。挂号费仍然是五十文，守夜夫的号签已不够用。

早晨九点，侯医生和我在门诊部桌前就座，守夜夫站在拥挤的候诊室门口，拦住那些试图挤进来的人。他命令每次仅让三人进入医生诊疗室。

突然，我们听到呼叫声和走廊上杂乱的脚步声。然后是大声的命令："小心！放下！"接着听到愤怒的声音，"小子，站到一边去！这是官轿！"人们安静下来，只听见："慢慢放在地上！我们到了！大人，请下轿！"

第一次有官员屈尊到访我们简陋的诊所。噪音和喧哗声让人以为是军队冲了进来。为了避免见光，轿夫们无视守夜夫，坚持把轿子直接抬进内厅。他们大声叫嚷着进来，好像抬着总督本人，然后将候诊室的病人赶走。"道台来了，退后！"他们对街上跑来的男孩大声吼道。这些男孩正疑惑为什么官员会来外国医生处。

在美国的朋友不能理解为什么我们会因为一位道台来看病那么兴奋。但是，如果他们亲眼看见病人自己从厚重的蓝色帘子里走出来，就会留下深刻的印象。后面的轿夫抬高两个长杆，使轿子前倾，一位官服华丽的官员出现了。他的官帽装饰着明亮的蓝色顶戴，形状像直径一英寸的石弹子。他是位四品官。在他华丽的深紫色长袍下，我能看到官服的绸镶边。官帽下有长长的辫子，头发末梢绑束着一英尺长的丝质流苏。

我听见官员威严的声音说，"你不知道我与街上苦力的区别吗！"他严肃地对守夜夫说，"你看不见我官帽上的顶戴吗？你不认识道台的官衔吗？你这蠢货！"

"是的，大人，我知道你是道台。但是，如果次序乱了，这位外国医生会马上解雇我。大人，他制定了严格的规章，并强制执行。大人，我不是和你作对！"

侯医生和我听到外面的对话，笑了。但是，我们承认官员的到访可能有助于建立医院在社会上的声望。人们会承认我们已经"来了"。

当门打开放进下一批病人时，官员强行闯入，与跟在他后面的仆人低声嘀咕着。看起来他的到来并不完全是他自己的意思。他坐在房间的长椅子上，大声讲述着他听说的有关外国医生的谣言和他预计将要经历的奇怪的事情。

不久，叫到他的号，他坐在我的桌子的另一端。幸运的是，侯医生已经教会了我各种各样的见面习语，在问候新病人时，礼貌是必需的，特别是对官员。

"请坐，先生。请问尊姓大名？"

"我姓李。但我不知道自己能否听懂你说的话。我想所有的外国人都说着难懂的行话。"

"我的口语很差，但我正在学习你们的语言。府上哪里？"

"寒舍在浏阳。你知道，那是一座以聪明医生和卓越药房闻名的城市。"

"贵庚？"

"我出生于癸亥年，现年四十五岁。"

"你的病有何症状？"

我们按照传统仪式交谈后，我找到了有关他发烧原因的线索。在我的左手边放着几本书，其边缘与桌子的边缘垂直。我轻轻举起他的左手，把长丝袖往上推，然后把他的手腕放在书上，方便我把脉。幸运的是，我把的是左手的脉，因为我后来知道，要是我先把右手的脉就乱了规矩。病人好像很满意我注意到这些细节，他一直观察着，说，"外国医生，看来你知道把脉是一门大学问。你做得非常好，知道要把我的手腕放在一堆书上"。

我仔细听他的脉搏。一千七百年前的王叔和①医生也许会批评我的技巧。自他之后，在中国没有人如此细致地研究过脉象。我想知道他对这位病人脉象的解释是否与我一样。

发现病人发烧后，我拿出温度计放在他的嘴里，告诉他紧闭嘴唇。这对他几乎是不能接受的折磨。我意识到，他正在怀疑我是否把一些奇怪的药物塞入他口中。然而，他被逼入困境，不能说一句话，直到我拿开温度计，他的愤怒爆发了。他唤来仆人，诅咒着他的祖宗三代。"你为什么带我到这里来？为什么你不小心服侍我？为什么你让外国人把一个奇怪的硬物放进我的嘴里？你能看到，他不懂医！"

他的声音很大，诊疗所所有人都能听见。"你发现了吗？你注意到他只把了我的左脉吗？医生如果不把两只手的脉，怎么能进行诊断呢？即使现在，他所有的检查只能让他一知半解！"

提供建议或开处方是无用的。道台高昂着头，怒气冲冲地走出房间，可怜的被辱骂的仆人跟在后面。

道台慢慢走到大门口，仍在抱怨我缺乏医学知识。忽然我想起他是被其他士绅撺掇来这里做试验的。我想他们已经知道我们诊所的病人迅速增加。也许他们怕我们在长沙牢牢站住脚跟。

我还记得，街对面雅礼学堂的学生罢课已经过去一整年了。我们不能忘记学生们拒绝上课的那个早晨。一些学生说，听不懂来自山东省的物理学老师的发音。另外一些学生说，他们不喜欢每天参加教堂礼拜。还有其他的借口。二十年后，我们才发现真正原因是什么。有

---

① 王叔和（201—280）：名熙，高平（今属山东）人，魏晋之际著名医学家、医学编纂家。他写成了我国第一部完整而系统的脉学专著——《脉经》。

些孩子来自长沙知名家族，他们冒着风险大量资助这所"外国学校"。保守的绅士聚在一起，建议学生中的领袖们罢学。他们想看看老师是否是纪律严明的好老师。《三字经》中明确写着："养不教，父之过。"

家长们发现雅礼的老师立场坚定，于是放弃了罢学。真正让他们感到高兴的是，这是一所能够让孩子接受严格纪律教育的封闭学校。

一天下午，我向侯医生请教，为什么那位病人在我看病看到一半的时候就离开了？侯医生当然知道中国的医学知识，他非常耐心地向我解释。他说，从远古时代开始，中国人就被告知每只手腕上有三个脉搏点。每一个脉搏点都会向医生传达特定器官的信息。左手腕的脉搏点显示的是心、肝、肾的状况，右手腕的脉搏点显示的是肺、脾和生殖器官的状况。中国医生在检查男人时先把左手的脉，检查女人时先把右边的脉。

这就是道台为什么如此愤怒的原因！我只给他把了左腕的脉就停止了，以至他确信我根本没有得到其他三个重要器官的信息。

"所有的旁观者都同意他的意见，即你的诊断只进行了一半，"侯医生断定，"道台不在意你的温度计发现了什么，其他人也不会在意的。他们从来没有听说过准确测量温度，但是他们确信脉搏是确诊的奥秘所在，他们都看见你只把了一只手的脉。"

我很气馁。第一次接待官员，却以他拂袖而去结束。我开始担心医院的名声是否会因这件事情而受损。我应该特别重视第一位官员病人。我应该知道以学识而闻名的官僚会把他的遭遇通报给长沙的名门望族，并受到高度重视。现在，他可能会告诉他的朋友们，说我根本不懂医。

07 第一批住院病人

救人一命

勝造七級浮屠

诊疗所开张两周后，雅礼学堂一位病重的男学生被送进来。从一开始我就希望第一个住院病人是位重病患者。这样，我们就可以展示科学医学真正能做些什么。现在，第一位住院病人来了，在我们开设病房之前就来了，连张单独的病床都没有。但是，老的中央旅馆留下来的一些床仍然保存在后院，并且全都已清洗并消毒。我们立即在候诊室的后面搭起一张床。当然，没有弹簧，但有绳编的床垫，那是所有湖南人都知道的交叉编织方法。男孩的母亲带来了他在家里用的铺盖和被子，这样就能让他舒服些。

学监亲自带他前来。"他是我们最好的学生之一。胡美医生，请尽力帮帮他。尽管诊疗所已经开张了两周，你上午的病人也在增加，但这是你的第一个'住院病人'。如果这位学生很快康复，对雅礼医院的名声而言，意味深重。"

病人急促地呼吸着，脸通红，正在发高烧。我并没有花多少时间就检查了他的胸部以及白血球的数量，发现他得了大叶性肺炎。我们将他放到床上，把病历挂在床头，现代住院病人的实践在湖南的省会开始了。

这正是我所期待的——一个可以真正考验我医术的病例。整个炎夏寻找合适的房屋、得到租用简陋地方的租约和得到衙门确认文件的所有辛苦，突然都消失了。机会来了。奥斯勒教授传授给我们的有关肺炎的知识全部生动地浮现在我眼前，不可抹去。遵循这些原则并不困难。

可是！这是位重症病人。我没有训练有素的护士进行观察，甚至没有一位有经验的勤务员服侍他。没有人，只有守夜夫。这可是一个双重大叶性肺炎的病例。

于是，我让男孩的母亲一直待在床边观察，给他喂食，监督着让他吃药。守夜夫尽力帮忙，但是几小时后他就不耐烦了。我能听见他在嘀咕："如果这孩子真得了重病，怎么办呀？"

第一晚，孩子母亲、守夜夫和我三人轮流观察男孩。第二天，他没有好转。孩子母亲的姐姐前来探望时，母亲得以休息。家里人派她来看看这位小外甥在陌生的环境里是否受到伤害。她在床边和孩子母亲一起观察，我无意中听到她们的谈话。

"你怎么能完全相信一位年轻的外国医生，把孩子交给他呢？"

母亲点点头。她也开始担心了。

"也许让他在家里更明智些。找北门的梅医生，如果他的药方无效的话，再找小西门的罗医生。他们的药对这种症状的确有效。我必须看看这位外国医生。我把孩子带来是因为同在雅礼学堂上学的小弟告诉我别怕。"

"哎呀！为什么你要听小弟的话？我们绝不会同意你到这里来。为什么你不把他带回家呢？"

男孩情况恶化了。第三天上午，守夜夫进来，跪在我面前，握紧两手像在祈祷。

"先生，请送孩子回家吧。"

"可是，为什么呀？"

"啊，你没有看见他病得多重吗？你是有名的外国医生，我只是位可怜的无知农民，但我能看得出他有多危险。先生，请送孩子回家吧。"

"是的，我知道他病得很重。但是，正是因为他的情况如此紧急，我才想使用所有的现代治疗方法。我们必须尽全力挽救他的生命。"

"是的，先生，你非常聪明。但是我知道街上的人们怎么说的。我知道他们的想法。你不明白的，先生。想想他如果死在医院，你过去几周的全部工作都会白费。今天下午，你去上中文课的时候，请刘老师给你解释一切吧。他会告诉你我是对还是错。但是，现在请别冒险。我请求你在意外发生之前送孩子回家。"

一位没有专业知识的苦力告诉我应该如何处理一位重症病人，我被话语之外的含义深深激怒了。

可是！可是，守夜夫懂得同胞的心理，可我却不懂。也许他是对的。我坐在那里细想。一会儿，我请来男孩的母亲和阿姨，平静地告诉她们男孩在家里也许更舒服些，但是我会给他送一些药。

我可以看到她们如释重负。随着轿夫抬着担架消失在狭窄的街道，我哀伤地想，我们还没尽力抢救，就让第一位住院病人这样回家了。这几个月的所有准备，诊所开业前几周的欣喜，日益增多的病例！这是现代医学多么有希望的前景啊！我还曾期待着某一天有官员能将他的太太，或者至少是将衙门里某位高级幕僚，送来治疗。

而现在，只剩下第一个住院病人失败的挫折感。是不是所有的开始都会失败呢？

那天下午的中文课非常难熬。反复吟咏刘老师为我挑选的那些单调乏味的句子似乎是那么的无聊。我不停地想起那位得了肺炎的男孩回到他贫苦的家中，没有护理，没有药剂，没有适当的营养。我能原谅自己让他离开吗？我抛开课本，问道，"刘老师，为什么守夜夫请求我送生病的李姓年轻人回家？"

我告诉他当天发生的事情，以及早上守夜夫是如何提醒我注意病人那令人绝望的状况，这使得我没再能坚持让他留在医院里。

"你做了什么？"他问道。

"违背更专业的判断，我同意了守夜夫的恳求。我很后悔同意让那位母亲带着孩子回家。"

"守夜夫完全正确。如果你让他留在这里，你将犯大错。在新医院刚开张的时候，如果他死在病房里，全城的人都会反对你。他们可能袭击雅礼医院，并摧毁它。更糟糕的是，有关死亡的事情会在每条街上流传，会使医院被赶出省城。不久，就会传遍全省。你可能会导致西方医学在这个保守省份多年来取得的进步消失殆尽。"

"可是，是什么引起这样的骚动呢?"

"胡美医生，你不明白。"刘老师解释道，在家里等待死亡意味着等待灵魂的回归。死在外面是很严重的事情，因为灵魂会找不到身体。然而，灵魂被允许与肉体在"等候亭"合而为一，以便于接近回归的灵魂。他告诉我，在早期我不应该做任何冒犯人们的事情。

"但是，我将如此小心多久呢?"

"至少两年，"他答道，"在此期间，如果事情好转，人们会慢慢开始相信你。此后，如果有人死亡，你就不必害怕了。"

之后的两年，医院里没有一例死亡发生。

*　　　*　　　*

我应该永远都不会忘记我的第一位外科病人，一位大腿中弹的土匪。他身上充满着浓烈的野蛮气息，显然是习惯与枪炮打交道的，我确信他就是陈长官正努力沿省界搜寻的危险歹徒。

一天上午，姓黄的土匪瘸着腿来了，右腿又红又肿，他给我们编造了一个传奇的故事，说他和同伴平静地行走在从浏阳到省城的路上，突然受到强盗的袭击。他坚称，当他们向东穿越大山行走了一百里时，遭到强盗袭击，两死几伤。强盗第一次开枪时，黄倒在地上，一动不动，强盗以为他死了，这样他才得以逃脱。

这个土匪说，他在靠近长沙的一个村子里接受了急救，"但那是个小村子，我担心旅店主人方法不正确，无法用膏药把子弹取出来。"

我知道地方上那些卖膏药的，他们用一种气味强烈的黑色膏药密封住所有的脓肿或深一些的伤口。当然，我确定子弹还深深藏在里面，因此我同意帮他取出来。虽然没有外科手术的危险，但是我的困难是实在的：没有受过训练的护士和麻醉师。守夜夫不可能当助手，我肯定他在喷出第一针麻醉剂时就会晕倒。幸运的是，一位爱尔兰外科医生刚好在这里，他正在赶往南部某省的途中。我前往喜庆街，将他请来参与我们的急诊。

"一定要让我用氯仿麻醉，"他说，"我还从来没有得到过乙醚。"当然，这位年轻的爱丁堡医学毕业生是1847年创建苏格兰麻醉学校的詹姆斯·扬·辛普森爵士的忠实信徒。

我们的储藏室里只有一点点氯仿和很少的器械。在第一进庭院的后面有一间小屋，刚刚被刷白，可以做手术。我向助手解释道，我们没有合适的地方进行手术，因为我没有想到这么快就必须做外科手术。手术台是张旧门板，是我们从中央旅社以前的接待室拆下来的。我们将门板放在一些包装盒上，很快，一切准备就绪。

手术完全成功，非常有利于我们的名声远扬。我们找到了在中国已经使用了几个世纪的旧式铁子弹。除了铁锈的痕迹，伤口上没有其他迹象。我在想谁会更惊奇，是发现如此无痛就把子弹取出的病人，还是外面听说"神奇治愈"的人们。接下来的几周里，着迷的人们聚集在守夜夫四周，观看那颗我们让他给众人展示的子弹。

那天，姓黄的土匪坐在诊疗室里等待换药，他成为好奇人群的中心，人们让他讲述发生的一切。"医生把我抬上一张桌子，用滴有好闻的药水的布捂住我的鼻子，很快我就睡着了。医生开刀把子弹从我的大腿里取出来，我居然没有任何疼痛感！"

土匪变成了一位热心朋友。他出院后，两周内每天都来诊疗所检查伤口。他想确定每块弹片都取出来了。他怕官兵的追捕和检查。如果他们在他的大腿上发现了疤痕，就会说是子弹造成的伤口。他希望谨慎点。

当疤痕终于看不见的时候，他表示自己完全不用担心了。"现在，我不再提心吊胆了。我完全放心了！"某日，他彻底消失了。我们不会想到，三年后，我们竟然从他身上受惠良多。

当我向衙门汇报手术情况时，我担心自己是否会因为扰乱治安而被训斥。官员告诉我，那是该省最臭名昭著的罪犯之一。他和他的同伙本已被官兵包围，后来竟然都逃走了。怪不得我们会在病人大腿上找到子弹！

不久，我们有了另外一位外科病人——常太太，是她丈夫送她到医院的。他们都是精通古代圣贤著作和中医的学者。很少有妇女能像常太太那样熟悉中国名著。

常先生解释道，他的太太长期忍受着腹部下方一处伤口的疼痛，尽管请教过长沙最好的医生，但伤口仍不能愈合。那些医生遵循着古老中国"医不三世，不服其药"的传统。

他请我对常太太进行检查，让我决定是否能保证治愈。"你知道我们对新医生的传统，"他解释道，"我们常常要求他保证痊愈。"

常太太住进医院进行观察，我们检查了所有可能致病的地方。一天上午，她提议也许她可以通过图示更清楚地阐述。她递给我一张她用铅笔勾勒的草图，我将之视作珍宝，一直保存着。那是具有敏锐思想的中国人对正确医疗的理解的证据。甚至，这张小小的草图好像阐明了孔子（基督诞生四百年前）提出的真理："君子务本！"

在这张简明描述原始解剖学的铅笔草图上，有这样的话："我的病有四个根源：一是肾，一是腹股沟，一是下椎骨，一是肠。先生，请确定四个根源中哪个是我的病的根本原因。你实在太忙，我没有时间给你解释这些。"的确，常太太谈到了可能致病的所有原因。

我从来没有见过比常先生更体贴入微的丈夫。每晚探视完太太，他都会坐在我的小办公室，告诉我他太太的阅读有多么广泛，她知道中国哲人、历史学家和著名医学家的著作。"谈到伟大的医学作家时，她可以信手拈来，"常先生解释道，"在所有不同的医学领域里。有天晚上，我发现她在阅读一本明代万历年间的有关食物和营养的书。读完那本书后，她就开始控制自己的饮食，这样就不会危害到她可怜的伤口。"

侯医生和我把手术分为几个阶段，每次都取得一些进展。不幸的是，第四次手术后，探视的亲戚带来了常太太非常喜欢的甜食。在刚做完需要小心呵护的肠手术二十四小时后，她不仅吃得过多，而且还曾站起来招待客人。常太太去世后的那天上午，她丈夫告诉我，她一直确信在她的草图中的第四个根源，即肠，是她的病因。他相信，如果她遵循有关营养学的书中的原则，也许能活下来。他没有一句责备外国医生在外科手术中不明智的话语或意见。

此后，常先生便成为医院的常客。他常常询问我们治疗的病人的类型，是否遇到患有他太太那类疾病的病人。他确信，"你们很少会遇到能画出自己的解剖图，并帮助医生寻找病因的病人。"

08　医疗竞争对手

醫
卜
星
相

一天，我们在长沙南城墙上面散步时，很偶然地发现了"红毛将军"。我们的孩子喜欢乘坐自己的小轿子穿过狭窄的街道，到长沙城东南的天心阁，爬上最高层，观看他们最喜欢的城市和河流的景色。

整个城墙展现在我们面前。城墙外，湘江就像宽阔的浅黄色丝缎曲折流向西北，突然消失在茂密深色的山丛中。江对岸是深粉色石竹花覆盖着的岳麓山，杜鹃花盛开着。

当我们在这个伟大的防御工事上散步时，常常谈论说美国人民无论如何也无法设想出这样的城墙，绕城十英里，四十英尺高，顶部足够三部汽车并排行驶，能把城里的三十万人口包围起来，或者说是保护。

城墙共有八个门供人出入。每个门的两侧都有台阶到达顶端。我们通常能够说服警卫打开门锁，让我们通过障碍，爬到城墙顶端。

有时，我们会在城墙上面遇到城里的孩子们，他们在那里放像蜈蚣或龙一样有着长长尾巴的风筝。此外，我们遇到的就是在那里操练的湖南士兵。那是他们的营地。我们观看他们出操，在帘子后洗澡，观察"外国人"。我们是外来者，他们不是。

我们爬上南门的阶梯，向西走了约四分之一英里，意外地发现了一门破旧的被废弃的大炮，炮口有一处很大的凹痕，碎片不见了。这让我们想起新英格兰格林村的大炮，不同之处就在于它被小屋遮盖起来。在它的四周，有薰香和燃烧过的蜡烛，小屋里挂满了纸条，都是感恩的病人写的感谢词。我们走近，看到大炮的炮身上粘贴着红纸。我们想知道，为什么会有这么多崇拜的纸条。不一会儿，我们询问了一位到此闲逛的湖南士兵。

"这不是一般的大炮，"他告诉我们，"是红毛将军"。

为了回答我们的问题，他讲述了大炮是如何变成将军的故事。六十年前，长沙的罗姓长官没有注意到强大的太平天国叛军迅速从南方省份沿江而下。叛乱的领袖自称"天王"，他派遣两支队伍在面朝湘江的城墙外，包围了长沙八十一天。他的士兵两次挖地道，在城墙下进行大爆破，一次在靠近南门的地方，也就是我们刚刚爬台阶的地方，一次更东一点，在靠近天心阁的地方。

市民们迅速补上了城墙的缺口。一班人急忙赶到棺材铺，那里从地面到天花板总是堆放着巨大沉重的木制棺材。他们抬了数百具棺材到南城墙，把缺口填补得又快又完整，以至于敌人从来没有意识到缺口曾宽得足够让一队人马通过。

一天，很多人猛攻我们现在站立的城墙下面，但是湖南的军队已经在这里准备好防御他们。当敌人进入射程内，大炮便开火。唯一的一次射击就杀死了将军，他的部队溃不成军，四处逃散，城市得救了。

模仿古人称荷兰入侵者为"红毛"，感恩的市民把大炮命名为"红毛将军"。每当荷兰人为获得贸易特权进攻中国海岸时，他们使用的是大炮而不是常备枪支战斗，这样的攻击是致命的。

长沙市民崇敬红毛将军，不仅因为它的精确，而且因为在开火的时候它的自我牺牲。它有一种为了拯救城市愿意奉献自己身体一部分的精神。

"你看，先生，"士兵解释道，"我们相信每块石头、每棵树木、每座高山和每条大河都有一种精神，甚至我们的枪炮和剑都有一种保护者的精神。人民来此拜祭的是大炮的精神而不是大炮本身，这不是顺理成章的吗？"

"你认为红毛将军有特别的保护力量吗？"我问道。

"哦，是的，先生！城里的女人们都相信，如果将军强壮到只需一发射击就能拯救城市，那么他的精神足以拯救生病孩子的生命。你将会常常看到她们结伴爬到这里，寻求这种精神的帮助。当孩子病重的时候，他是最灵验的。不管冬天夏天，都没有区别。你可能会惊讶于她们对红毛将军的信任。"

就在那天下午，我意识到自己在这座古老城市发现了一位强大的职业竞争对手—— 一位城里的母亲们相信了半个世纪的儿科医生。母亲们可能容易强调，这位年轻的美国医生从未奉献过他的肉体来拯救这座伟大城市的人民。

另一位竞争对手是街角的老算命先生。他在一家大布料店里租了大概三英尺宽的地方。屋前有一位可以预言并告诉人们如何安排未来道路的人是很幸运的。

如果一个家庭里父亲生病了，儿子就会前来询问算命先生，并付一些铜板。算命先生询问病人的生辰八字，写在一块发亮的白漆板上。不用永久地保存会见记录。当算命结束时，墨汁可以很容易被擦去，空白的地方留给下一个顾客。问过"病何时开始的，什么季节，哪个时辰"之后，等算命先生开始掐指计算，给出答案。

焦虑、本分的儿子热切地看着算命先生写写算算，他从上面的小架子上取下一个高高的黑漆瓶子，里面装着五十个竹签，就像诊疗所守门人每天用来登记病人的号签。他轻轻摇动瓶子，直到一个竹签掉到桌子上。把竹签号数与白板上的计算结果核对。然后参考一本大书，那是几个世纪以来知识的宝库。最后，算命先生给出了答案。"你父亲的病在午时开始。那是与心脏有关的病。我参考了写有圣人教导的智慧的书。事实上，你父亲得的是心脏病。你必须让他保持安静。不要让他被家里的争吵和混乱打扰。你到城隍庙拜祭会有好处的。最好派个人到南岳进香。如果你父亲康复的话，夏末就去许愿。"

每个人都知道北京卖花女的故事，她照顾年迈的父亲，父亲生病的时候，她不吃不睡地照顾。尽管她尽力照顾，父亲的病情仍未见好转。一天，她听说邻居老妇人将与其他妇人一起去泰山进香。

"如果我去，"她问道，"我的父亲能好吗？"

"到那里真诚许愿的人都能得偿所愿，"邻居回答道。

"多远呀？"

"一百多里。"

"一百里是多远呀？"

"九万步。"

女孩记住了这些数字。每晚等父亲入睡后，她就手举点燃的薰香，在院子里来回走动，认真数着步数。累得实在走不动的时候，她面朝泰山方向跪拜，说道："原谅我不能亲自到寺庙参拜。我是个女孩子，不便前往。"

她在两个星期内走了九万步。就在那时，祈祷到达了泰山，敬拜了泰山奶奶神。黎明，富人和穷人们都汇集在泰山奶奶的庙里，第一个上香的人比后来者的祈求更灵验。女孩完成九万步的那天清晨，来自北京的为宫廷服务的富商占据了寺庙的入口，决定不惜任何代价成为那天第一个烧香者。但是，让他惊奇的是，进入庙门后，他发现有炷香已经点燃了。他愤怒地问寺庙管理人，管理人回答道："我已经关门了，不知道谁比你来得更早。"

"我明天再来吧，"富人抱怨着，"请你务必关好门。"

第二天早晨，距天亮还有一段时间，富商在那里等待开门。冲到大香炉，他再次发现一炷香已经在燃烧，一个女孩的影子正拜倒在祭坛前。听到富商进来的声音，影子消失了。

这是什么？他想。鬼怪在进香？走出寺庙，他问其他进香者，他们认为可能是什么。

"啊！"卖花女孩的邻居，那位老妇人说，"这肯定是我认识的虔诚的北京卖花女。她不能亲自来拜神，她的灵魂前来祈祷父亲痊愈。"

还有另外一个竞争对手，就是医院附近的花岗石碑，面朝连接着南大门街的小街。它有四英尺高，五英寸厚，背面是一家米铺。任何邪恶的灵魂冲出小巷要进入大道的时候，都会立刻停下来。它不能冲进商店或房屋，因为它们都是被"泰山石敢当"保护着的。

每个人都知道中国的谚语："人怕三分鬼，鬼怕七分人。"

面前就有对抗邪恶灵魂带来的疾病和其他灾难的保障！附近还有位能指引拜神的咨询者。基本没有药物和外科手术的需求！

此外，还有占星家和相士竞相分担城市里的医疗事务。占星家待在小小的棚子里，手边有很多册子。他能区分出每座城市在天上的幸

泰山石敢当

运星的名称和位置。长沙有自己的幸运星，是乌鸦座的第六颗星。他知道十二宫图及相关星座的每个动物对命运和健康的影响。当疾病威胁来临时，他会寻求上天和星宿的帮助。

人们在紧急情况下也会找相士看相。他在街边的桌子上常常挂着图表，上面画着各种各样的脸型。病人需要亲自前来，以便让相士将他的脸型与标准图像一点一点地对比。挂图上，在眼角处、鼻子两侧、鼻梁、鼻孔、嘴、耳朵、面颊和下巴处都有小记号或会意文字，长期的训练使得咨询者熟练于看出缺陷。他不仅要像艺术家仔细观察每一位被画者的特征那样，去观察人的面部线条，而且要辨认出烦扰健康的点。如果你知道每张图表上的线和点，你也能诊断出询问者的病情。

真正的竞争对手！

09　广告支出

動
手
回
春

几周过去了，我们惊奇地发现，雅礼医院受到了报社的关注。一天，我们在报纸上看到一篇有关学校的消息：

感谢雅礼医院

居住在宝南街的杨家一直牵挂年已七十的祖母的病情。他们询问过长沙城四周许多寺庙的和尚，也请教过地方上的名医。他们要求她保持阴阳平衡，却没有任何疗效。最后，在一位朋友的建议下，我们带她到了西牌楼街的雅礼医院。那里的外国医生给她做了开刀手术。她没有经受任何疼痛，现在已经完全康复了。特此致谢！

可是，在1907年的时候，读报的人很少。在拜访一些有名的寺庙时，我们发现大门外墙上贴满了为朋友康复致谢的告示。一天，我发现医院前墙周围围着一群人，在看张贴的海报。我们的一位邻居，在街上摆摊的占星家正在大声朗读："遇求必应。"在印刷的标题下，字是竖排的，从右向左读，信息如下：

我们四岁的小儿子大腿严重弯曲，几乎不能行走。在长沙最好的药店给他买了许多药膏，请教了许多算卦的和占星家。他们算出他的星位，告诉我们应当做什么。我们还拜访了市内的寺庙和许多名医，却无好转。后来，我们有些犹豫地来到西牌楼街外国医生的雅礼医院。医生告诉我们，孩子需要在骨骼上打石膏，并饮用橙汁。接受橙汁和药物治疗大概一个月后，他让孩子一整天不进食，然后让他闻麻醉药。我们满怀恐惧地站在旁边。医生开刀处理了大腿上的骨头，最后缝起皮肤，用硬绷带缠起两条腿。他告诉我们，绷带布全是熟石膏。我们知道石膏是无害的物质，因为人们一直用它来做日常食用的豆腐。当孩子醒来的时候，绷带已经像木头一样坚硬。孩子没有经受任何痛苦，医生给了他一些药让他睡觉。六周后，坚硬的绷带被取掉了，我们发现孩子的腿变直了。现在孩子能行走了。请其他父母注意到这次奇迹般的痊愈，让自己的孩子在雅礼医院接受治疗。感谢！十分感谢！

离开阅读的人群时，我想到如此明显的广告在纽约或伦敦完全可能被看作是可疑的。当地医学团体的司法委员会可能会进行调查，并给出一个其中可能有不道德行为的判决。但是在长沙，这能鼓舞人民的勇气。

时不时地，守门人会拿着十英寸宽四英寸长的鲜红色名帖，向我报告。这种情况越来越多了。"先生，居住在北门大街的李先生送来他的名帖和五美元的挂号费，请你立即前往。病人病得很重。他不停吐血，家里人非常心烦意乱。先生，你能马上去吗？他们家的轿子正在院子里等候。"我习惯性地想到这样的轿子里有多不卫生，特别是前面厚重的帘子。我肯定这个家庭不止一人吐血。但是，我很少拒绝这样的职业召唤。每次这样的邀请都意味着又多进入了一个家庭。

有时，咨询与疾病无关。当我坐在一位富商家的客厅里，茶送上来了。主人继续问是否有办法让他太太怀孕。他的故事是我们经常听到的。

尽管结婚已经十年了，但这位太太从未怀孕。他们应该做些什么呢？这位商人会老来无子吗？如果他没有儿子，就没有人在他死后继承香火，他死的时候就没人在神位牌前按时上香，就像他在祠堂里给自己的父母及祖父母的神位牌上香一样。一年前，一位住在隔壁的米商朋友同意充当中间人，给他找了一位出身不错的强壮年轻妇女为妾。商人询问后，发现她所有结过婚的兄弟姐妹都有了孩子。但是，现在她住在他家快一年了，仍未怀孕。商人和他太太都很困惑。"只要你能帮助我们，先生，"商人许诺道，"整个湖南省都会知道，每个人都会说你是奇迹的制造者。"

他让我想起圣人的教导，传统文化对子女的基本要求是：

不孝有三，无后为大。

当生育遇到问题时，他们向我们咨询就不足为奇了。

我检查了被带到医院的丈夫和妾，并做了仔细研究。给了她特殊的食谱，提供了其他卫生指导，并让她每几周报告一次。结果比我预期的好得多。当她终于生下一个儿子时，这位感恩的丈夫几乎要用感谢的话语把我淹没。更重要的是，医院成为没有孩子的妇女们渴望去的地方。她们告诉我们，她们曾一次次前往寺庙，和尚建议她们没有好转的时候，就去看外国医生。

来自城里各处的专业出诊的要求开始增加。我们很快知道哪里是较好的居住街道，越来越频繁地出入那些名流的家，知道了什么是名人身份，著名士绅、道台的家在哪里，其他地方官员来自哪个省。这些访问让我知道，官员的任命仅仅依靠在地区、省或首都举办的考试。那些在竞争激烈的考试中取得资格的人，被任命为地方官员，甚至更高级的巡抚或总督。中国官僚体系的力量在于每个人都服从这种民主选拔方式。没有人能在本省出任官员，无论官职大小。那会导致裙带关系。如果官员是本地的，就会给北京政府很大的压力。我发现长沙像其他省会一样，有影响力的人分为两类：受朝廷任命的来自外省的官员和本地拥有土地的士绅。

我们的广告常常是直接的、口耳相传的。我开始变得更大胆，一次，我在大街上拦住了一位有兔唇的人。

"早晨好，我的朋友！请问尊姓大名？你不想完全消除上唇的裂口吗？如果你来雅礼医院几天，我们会为你治愈。"

"先生，你能保证治愈吗？会花多少时间？必须住院吗？费用多少呀？"非常自然的问题，我的回答被不断增加的病例证明是可以接受的。

从那时起，我们受理了兔唇的治疗。越来越多的人在街上或在一些官方聚会中遇到时，常常对我说："先生，作为外科医生，你有很大的名声。但是，我们不相信西方医生对内科疾病开的药会像中国医生开的药那么有效。"

现在回想起来，如果让我做一个坦率的评价，我认为这样说是有确凿证据的，哪怕我在中国待了二十五年。那就是："我们相信你的外科手术，但更信任中药。"

雅礼医院刚刚获得治愈兔唇的名声，眼科病人就来了。一旦开始眼科手术，几乎不需要广告。

我为自己曾有过在印度米勒杰进行白内障手术的经历而高兴，因为现在我不得不处理大量的白内障患者，有的未完全成熟，不宜手术。很多已经被人用脏手针刺过。然而，基本上白内障还不算太棘手，更棘手的是来自农村的青光眼，或者更经常遇到的角膜覆盖着的大浊斑，那是未经治疗而感染导致的。一些来诊疗所的贫穷病人看起来好像很多年没有吃饱过。很快，我决定接受伟大的中国营养专家忽思慧[①]的建议，公元1300年他就说过：当你看到病得很重的病人时，首先要想到他的饮食需要。当这些被满足的时候，他才能接受适当的药物治疗。我很快发现，病人的营养是康复的决定性因素，尤其是外科手术。

我们最好的广告宣传途径就是那些回到家乡的人们。他们回到距长沙百里之外的村子后，会召集周围的朋友，详述他在医院的生活细节，有关吃饭和睡觉的安排，尤其是他们待在那里的主题：手术室、麻醉剂和外科医生。

---

① 忽思慧：元代蒙古族人，营养学家，是我国古代药膳学的奠基人。生平不详，仅知道他在元朝政府饮食管理机构中担任饮膳太医，负责宫廷里的饮食调配工作。著有《饮膳正要》一书。

　　许多病人害怕看见穿着由原色布料做成的白色长袍的医生和助手。白色是哀悼的颜色，原白色的棉质衣服是哀悼者的装束。有位农妇不情愿地被劝服到医院，之前未被告知有关手术室的情况。她被担架送进来，小心放在手术台上。就在为她调整好带子时，她睁开了双眼，跳下手术台，尖叫着从走廊跑回自己的病床。"如果去了外国人的医院，我就会死。因为当我看见周围的哀悼者时，我就知道自己在通往葬礼的路上。"

　　这还并非全部。最终她恢复了勇气，并进行了必需的骨盆手术。回到村子后，她告诉朋友们有关晚上他们给她服药的故事。"看护把一颗小小的白色药丸放进我的嘴里，告诉我用茶水吞下，这会让我睡觉。但是，她一离开床边，我就吐了出来。谁知道那位穿着丧服的看护是不是另一个准备我丧事的人，说不定她给我的就是害我的毒药呢？"

　　一天，守门人周叫住了一位正要从街上进入医院的虚弱的、驼背的乡下老人。"让我看看你的包里放的什么。医院规定进出的所有包裹都必须检查。"

　　病人小心地东顾西盼，然后俯身让看门人走近。打开包扎，发现他左大腿内侧有一个大瘤。病人听说这种肿瘤可以在西牌楼街的雅礼医院割除。"你根本不会有任何疼痛感，"知道的人告诉他。

　　我问他肿瘤是什么时候出现的。

　　他开始有些迟疑，后来告诉我：多年前，他是位有名的战士。中法战争期间，他在福建省海岸担当骑兵。某日，一颗子弹击中了他的左大腿。他掉下马，流血不止，几个小时后，他被法国勤杂兵发现了。他们把他送到法国战地医院，伤口被缝好，小心绑扎起来。中法战争结束后，他被释放，回到了湖南。不久，出现了肿块。五年前已经像现在这么大了。他常常希望得到曾细心照顾他的法国医生的治疗。

"上个月的一天，"他说道，"他们告诉我，长沙有位美国医生。我完全不了解你，先生，但是我确信你和那些法国医生一样，经验丰富，心地仁慈。你开刀时真的能让我完全感觉不到疼痛吗？"

我向他保证，切除肿瘤不会危及生命，也不会疼痛。肿瘤通过皮肤和皮下组织的长茎附着在大腿上。我很希望我在约翰斯·霍普金斯医院的外科指导老师吉米·米切尔（Jim Mitchell）来做这个手术。他是我见过的对局部麻醉最熟练的人。

幸运的是，我们有供应充足的夹子。肿瘤里有很多血管。如果它们不幸出血，病人就需要输血。但是，一切顺利，伤口愈合得很快。一周后，他回家了。

"我准备把大瘤子放在酒精里，保存在一个大广口玻璃瓶里，"他来告别时，我对他说，"这是为了给其他有这样大瘤子的人以信心。"

"哦，不行，先生！我不可能让你把它保留在此。我必须带回村庄，我死后将与我埋葬在一起。那个瘤子是我的一部分，先生！"

那天，我失去了一个博物馆标本，但是得到了一位朋友。老兵将我们医院的消息传遍了湖南省。他在省内的重要报纸上用华丽的辞藻详细描述了治疗过程，把古老中国有名外科医生的能力都归于外国医生名下了。他说，虽然中国医生医术高明，但是外国的外科医生才知道如何处理必须开刀的病症。

最开心的是，乡下的反应反馈到省城，甚至传到了我们自己所处的西牌楼街。各阶层的人们都更友好了。他们开始理解了！

10 "先生，我来谢谢您！"

谋在人成在天

雅礼医院两年未曾有死亡发生！但是，谁会满意如此消极的报告呢？我们已经做过兔唇和白内障手术，切开过许多脓肿，做过很多简单的整形手术，却还没有真正尝试过大手术。雅礼预备学校的教员们因我们如此小心而减轻了压力。任何对雅礼医院的攻击都会给他们带来灾难。

如果仅仅继续小心前行，在为拯救生命的战斗中不愿意抓住危险的机会，我们将与当地的中医没有任何区别，他们总是强调安全。不，我们必须大胆些。

一天，一个病重的孩子从不远的村子被送来。他的大腿有处枪伤，他的家人恳请手术。"先生，请开刀吧。我们听说你能创造奇迹。"

但是，这位创造奇迹的医生在面对处于如此绝望境地的病人时也不得不犹豫。此外，在外科手术中冒致命危险的时机成熟了吗？我记起刘老师两年前告诉我的，每个中国人都认为身体是看不见的灵魂的居处。给身体开刀可能损害后代传颂他的形象，可能对灵魂居处造成永久的伤口。

但是，他的家庭急切要求手术。他们已经同意签署一份许可证书。"如果发生任何不可预见的事情，将是我们的责任。如果不手术，他肯定会死。你也许能救他。"

我同意冒险。手术很简单，只是适当排除伤口的脓，但是毒药已经渗透到男孩的身体组织。手术的冲击对他来说太激烈了。三小时后，他去世了。

幸运的是，我们的中国外科医生知道同胞的反应。我拿着保证书找到他。我们俩来到医院办公室，商讨行动计划。

他问我，"你是否意识到，对我们医院来说，今天是个多么关键的日子？此前，湖南省没有一位中国病人在外国医生的手下死亡。"

后来，他的态度从担忧转为坚持。"把你的正式名帖送到衙门给行政长官，不要耽误。要求他从私人卫队派些士兵到医院来站岗。然后回家吃午饭，让我看看能做什么。"

他的这些建议给了我巨大的安慰，我立即照办。

很快，士兵来了，在医院大门外站岗，直到晚上。另一队士兵被派往我们初来长沙时的南大门街住处，增强正对着大门的小屋里的兵力。我给家里捎信，告诉他们任何情况下都不要离开房子。相同的信息传达给雅礼学校美国教员的家庭。然后，我多少有些不愉快地回家了。

我一离开医院，侯医生就询问这家人最多能花多少钱买棺材。他发现他们是贫苦的农民，不能超过十银元，于是，他派医院的工作人员去街上买棺材，嘱咐他可以花二十银元。二十银元也只值六美元。如此微薄的费用能否帮助我们摆脱两难的境地呢？

然后，他如那家人希望的那样，给尸体穿好衣服，放进棺材。

午饭后，我走回医院，内心仍不平静，仔细回味着发生的一切，我强烈感觉到了这有可能会爆发的深仇大恨。这些湖南人对于自己的医学实践是如此保守，如此骄傲，如此自信。他们将会采取什么措施呢？

而死亡在未来某个时间是一定会来的。不如我们现在就面对它？两难的境地是真实的，湖南省的每个城镇都与省会长沙有密切联系。不出几天，每个农民，甚至最远地方的农民，肯定都会听说长沙李姓农民的儿子在美国医生的一次手术后死在雅礼医院。他的父亲和家庭会怎么做？他们会在我们所在的街上发动骚乱吗？我们必须关闭医院，承认湖南人还未准备好接受西医吗？在返回医院的途中，所有这些想法充斥着我的大脑。

长官派来的士兵排成一列，紧张、面无表情地站立在前门。我们之间没有言语交流。我经过门口时，守门人看起来很担忧，几乎成了惊弓之鸟。

侯医生平静地在办公室等我。"放心！但愿没有任何麻烦。现在，如果男孩的父亲没有抗议的话……"正在此时，守门人匆忙进来，低声告诉了他一些事。

"死者的父亲来了，仔细检查了棺材，"侯医生告诉我，"但没说别的，只是问我们花了多少钱买棺材。"

侯医生说了声"请原谅"后，离开了。接下来的十分钟非常紧张，我们想知道他和那位父亲讨论的进展如何，但是我们没有听见大声谈话。仆人们悄无声息地履行着医院的职责。

不久，侯医生走进办公室。"孩子父亲坐在会客厅。你应该去那里接见他。"他没有陪我，因为他相信如果我单独见那人不大可能有麻烦。

"所有中国人，"他向我保证，"对第一次见面的人都很客气。"

想象一下，我迈出第一步时的心跳声！李姓农民笔直地站在厅的另一头，穿着素淡的棉质蓝色长袍，脸上满是深深的悲痛，但是没有迹象表明他会屈服于内心的情感。看见我进来，他谦恭地跪下，磕了三个头。我请他起来，和我一起坐在房间长椅上。他仍站立着，很平静地对我说，"先生，我来谢谢您！"

我预想的是一次愤怒的大爆发。

"你为我死去的孩子提供了昂贵的棺材，远远超过了我们这些乡下穷人所能负担的。孩子的去世是天意。先生，但你是朋友。今天我发现我们伟大圣人孔子说得很对，四海皆兄弟。我返回村子后会告诉所有的人，你真的是我们的朋友，我们可以完全地相信你和你的医院。"

从那天开始，我们不再害怕死亡。医院的死亡率慢慢上升。终于，城里的人们愿意把危重病人送到我们这里来了。

11 注射医疗

熟讀王叔和
不如臨症多

陶太太用临时准备的特殊担架将她的女儿带到医院。"我们想把孩子送到您的医院。长沙所有最好的中医都给她开过处方了，可一点好转的迹象都没有。"母亲意识到女儿的病有多么严重，决定让她住院，请我治疗。

她真的病了，是伤寒症，发烧、说胡话，看起来希望渺茫。我给她的每一位直系亲属都注射了伤寒疫苗，然后，使用奥斯勒教给我们的冷水浴疗法治疗这位十八岁的病人。我本以为这是纯粹的现代的医疗方式。第二天，陶太太问我是否听说过张医生，中国古代最有名的医生之一，曾任长沙长官。"你使用的灌肠剂和冷水浴让我想起以前父亲告诉我的这位名医的治疗方法。明天我带一本这位古代医生所写的非凡的著作给你看。"

第二天早晨，陶太太带来了张仲景所著的《伤寒论》第一卷，该书大约出版于公元196年。在长沙能找到这样的书是令人吃惊的。书中准确描述了发烧开始时的症状：寒冷、头疼、没有食欲、流鼻血；每天下午体温升高。奥斯勒很少给出如此清晰的描述。更重要的是，张医生写道，不要使用药性猛烈的催泻素。如果必要，使用猪胆加点醋的灌肠剂，插入细细的竹管。如果高烧，就用冷水浴。经验证明，这将给病人力量，减轻其说胡话的症状。

陶太太告诉了我更多有关这本历史名著的情况。此书是在长沙写作完成的，也就是我们希望展示科学诊断和治疗方面先进性的这座城市。她的父亲常常阅读传记，特别是中国名医的传记。他尤其倾心于这位名医，并认为该著作是中国第一部有关治疗理论的论述。

陶太太的父亲认为这本书具有声名的原因之一在于它的古典风格，那是所有中国文人所钦佩的。他坚持认为《伤寒论》在某种程度上堪称医学上的"四书"，后者是儒家经典著作的基础。陶太太说，她父亲的书房里有各种版本的《伤寒论》。最好的是宋代出版的，共有十四卷，包含了二百九十七种治疗要点及超过一百种的处方。

张医生在汉灵帝年间取得功名，当他看到在十余年的时间里，家乡大部分的死亡都源于伤寒，他开始对此感兴趣。瘟疫的严重性给他留下了深刻的印象，当时两百位居民中的死亡人数达到三分之二。他全身心投入研究伤寒的原因和症状，以便治疗并预防这种疾病。《伤寒论》就是他的研究结果。

陶太太告诉我，许多世纪以来张仲景的伟大著作不断出版发行，并有多种版本。中国脉象权威王叔和所著的就是其中最早的整理本之一，他大概生活在张仲景医生之后的一个世纪。

从那时开始，我发现每个有知识的中国人都知道这本书。很快，我断定，在中国知道张仲景医生和他有关伤寒病的著作的人，比我国知道威廉姆·奥斯勒和其他描写过伤寒病的医生的人多。

此后几天，在照顾陶太太的女儿时，我感到自己好像听到了这两位顾问的声音。他们好像都在警告我第二个周末可能出现的症状，或者是一种可能特别不顺利的迹象。这两位医生生活在相距一千七百年且不同半球的时空里。他们都拥有领先于同时代人的东西，发现两人之间有如此多的类似之处让人着迷。他们都强调诊断的重要性；都是临床医生，对解释症状很有经验；在反对过分的药物治疗和推荐冷水浴疗法方面，他们都有别于同时代的医生。虽然生活在不同时间和不同地点，但两位伟大的先行者是多么相近呀！

第十五天，病人的情况开始恶化。我将陶太太请到一边，坦白地告诉她女儿的病多么严重。我们能冒险让如此有影响的家庭的成员死在医院吗？他们可不像李姓农民那样用昂贵的棺材就可以安慰的。我希望她能带女儿离开。

"如果带她回家，能让你女儿更加舒适。你也看到了，我们的病房条件非常一般。未来我们会有漂亮的新医院，有受过良好训练的护士。但是，现在这座老式建筑的房间真的很简陋。如果你决定带她回家，我将竭尽所能，在你家里继续同样的治疗。"

母亲当然懂我的意思。她肯定感觉到了我的忧虑，但她是不会放弃的。"请再试试注射治疗。让我们明天再商量。"

虽然有些担心女孩挺不过晚上，但我还是同意了。士的宁和洋地黄让女孩的生命在晚上几个小时里继续燃烧。临近早晨，我看到了征兆。

"陶太太，我想你现在带她回家是明智的。"

她有些焦虑地问道，"我们能及时带她回家吗？"

"肯定能。"

一张床垫被拿到病床边。我抬起女孩那虚弱的身体，轻轻地放在担架上，那是我们仅有的救护车。我在她的脚上、手上和腹部都放了热水瓶。接着，固定住担架上的被子，给病人三次皮下注射士的宁，我们开始穿过古老长沙城的狭窄街道。两个搬运者抬着担架，我走在一边。紧跟在后面的是坐在轿子里的母亲，跟在她后面的是另外一个女儿的轿子。

对于旁观者和店主来讲，看到我们匆忙穿过大道是非常奇怪的景象。中国的医生不应该被看见走着去会诊，但是现在有位奇怪的外国医生走在被盖着的担架旁。他们想知道里面可能是什么。人人都盯着我们，战栗着，疑惑地摇着头。母亲们将自己的小孩藏在身后。

我们穿越那些弯弯曲曲的街道时，是在与死亡赛跑。谁会第一个到达老宅子呢？甚至抬担架的人都知道，如果病人死了，将不被允许进入大门。当我们到了城市的某个广场时，我停下来，给母亲讲明要给病人皮下注射。她点头赞成。即使有些失去信心，她仍相信注射医学。我们继续疾走，不久来到较宽的街道。队伍又停下来了，陶太太再次点头，我给病人进行了第二次皮下注射。二十分钟后，我们到达了古老城市中的新式住宅，进入陶宅。

我的希望增加了。到了门口，搬运者抬着担架走上宽阔的台阶，看到大门突然打开，我感到一种放松。然而，就在我们到达台阶顶部的平台时，一位个子小小的老妇人出来命令道，"放下担架！"

　　我的精神崩溃了。我担心我们会困在门口。如果她死在家门外，她的灵魂就不能与家庭的灵魂团聚。老妇人做女孩的保姆有十六年了，显然现在她有权威作出生死攸关的决定。她径直走近我，问道："小姐还活着吗?"

　　不等我回答，这位老保姆就掀开被子，摸摸病人，抬起头来，笑着说："抬她进去。我摸过她的身体。她的身体温热，真的活着!"

　　搬运者穿过装饰华丽的门口。我们到了她家，但是否赢得了与死亡的赛跑呢? 抬着担架走了很远很远，我们才到达内眷的居处。搬运者将她抬进一间光线很暗的房间，把担架放在地上，马上离开了。当我的眼睛习惯了微弱的灯光时，看到房间里坐的满是女人。不久，母亲和女儿走进来了，但没有人把女孩从担架上抬起。她们好像都害怕。最后，我抱起她年轻的身体，放在床上，把她的脸转向墙。然后，在得到母亲的同意后，我用从医院带来的药物给病人进行了第三次皮下注射。

　　我向亲属们鞠过躬后，安静地穿过庭院和走廊，走到大门口。当各扇门在我身后关闭的时候，我听到了来自内眷居处的号啕大哭。

　　他们发现了!

12 医院的邻居

猫如捡片宝

和得乡里好

西牌楼街是条繁忙、拥挤的大道，不超过四分之一英里长，二十英尺宽。花岗石板的人行道像个舞台，从早到晚都有迷人的全景画上演。

抬水者用竹竿挑水，两头各挂着滴水的水桶。他们中的很多人从仅仅几百步远的河边挑水。他们有时经过小西门，有时经过大西门。仅仅通过观察他们留下的足迹，就可以判断河有多远。足迹越湿，距河越近。我们还能通过桶中水的变化来区分季节。冬天，水流缓慢，他们挑着的水清澈，看起来很干净；夏天，河水常常在一天内升高六到十英尺，桶里的水是浑浊、多泥的褐色，就像河流中汹涌的洪水。

水夫进城的另一条线路是从南门外的白沙井给雅礼医院和城里所有的家庭挑来透明似水晶的水。这是到目前为止三十万人可得到的最好的饮用水。这股泉水，不分冬夏地奔流着，这不可抑制的水流就像不可征服的长沙一样。来自九十里外的商业城市常德的人们，对省城有着优美的赞喻，称之为："长沙城，白沙井，春无沙！"

还有其他的搬运工，挑着担子，装满米、各种豆子、甘薯、芜菁、甘蓝、卷心菜、苋菜和其他湖南特有的富含维生素的绿色蔬菜。那是我们随处可见的色彩，围绕着长沙城四周数里的菜园到处是鲜艳的绿色、红色和黄色，可为什么该省仍然缺乏维生素呢？还有如此大量的辣椒！湖南人以嗜辣而闻名。每个碗里都加有鲜红的辣椒，每道调味料里都有鲜红或浅绿的辣椒。

混杂在谷物或蔬菜篮子队伍中的是其他小贩和卖主，每个人都带着一个铃或锣鼓，或拨浪鼓，用来宣告自己的到来，告诉别人他所售卖的器皿。装载着大量碗和碟的卖瓷器的小贩常常敲打一个重重的铁条，制造出响亮的铃声。我们知道，在听到微弱的叮当锣鼓声时，表

湖南不缺维生素

卖瓷器的小贩

示卖甜食和糕点的要来了。每种响声都与众不同。深夜，大街上只有几盏灯还亮着，我们能听到流动小食摊发出的叮叮当当的声音。在听到小贩快来时，夜间关闭的有木栅栏的大门和锁闭的店门会轻轻打开。看门人或一位老保姆会出来，为美味讨价还价，那是在睡觉前为大宅里某人购买宵夜而已。他们知道卖糕点的小调。"他们治愈聋子，治愈瘸子。保护老婆婆的牙齿！"

街上还有其他许多人：苦力用一辆笨重的木制独轮手推车运载着至少二百五十磅的煤，行走在石砌的街道上，那些煤来自萍乡的煤矿。所有这些搬运木炭、木柴或引火柴火的工人，都是冗长队伍中的一部分。人们有的光脚，有的穿着草鞋，都非常安静地搬运着，但是也有令人烦扰的声音。我们常常听到咕哝声、尖叫声和咆哮声。从窗户看出去，一辆手推车经过，车轮吱呀作响，仿佛正在渴求润滑油。一头被粗绳绑着的粉白色大肥猪被捆在车上，即使猪鼻子几乎要碰到旁边人力车的轮子，也无法动弹。

想象一下，在忙碌的早晨，雅礼医院前面狭窄外墙里候诊病人的嘈杂声和墙外过路人的喧哗声。想象一下在如此嘈杂的环境中试图给病人听诊！开始，我认为自己不能习惯这样的状况。可随着时间的流逝，我发现自己在喧嚣声中能清楚听出心跳声，就好像我们听说锅炉铆工学会在外面有巨大铁锤打击的钢制汽缸里睡觉一样。一旦外面刺耳的声音混入含混的嘈杂声，感觉就不再模糊了，甚至孩子浅浅的、急促的呼吸声也能用听诊器明白地分辨出来。

从早到晚，人流川流不息。随着时间的流逝，这些男人和女人，搬运工、轿夫和水夫，都进入我的世界，不再是遥远的不为人知的生命。他们成为我的邻居和朋友。我们居住在一起，不再有本地人和外国人的区别，而是同为市民，一起分享着伟大省城的生活。

但是，还有其他一些显然很少走动的邻居。他们是在狭窄街道上生活和工作的友好的店主们。店铺一个接一个，就像蜂巢里沿着走廊的一个个蜂房，每个店铺都有欢迎的招牌。有的挂在大门顶部，有的从装饰过的房顶中央挂下来，像长长的旗子一样。对于偶尔的过客而言，雅礼医院的入口一定就像这么多大门中的一个，是嘈杂街道上的一个标记。街道的两边，一扇门接着一扇门，看起来都很相似。这么多紧挨着的门面，有的有六英尺宽，有的有十五英尺宽，有的有三十英尺宽，所有的门都向内开。透过这些门，你能看到你所能想象的最小房间或商店，也能瞥见一栋大建筑物。

每扇门就像一幅画的边框，透过它，人们能看到生活的场景。这可能是一家瓷器铺。整个冬天，房间里漂亮的瓷碗都放上了水仙球茎，显得很有节日气氛。水仙球茎缓慢地向上长出嫩枝，雅致花朵下的茎干能保持强壮。中国人称之为"水仙"。这显然不同于让水仙花在温室里被迫成长，迅速开花，迅速枯萎。敞着门的陶瓷器店铺非常寒冷，售货员不得不穿着厚厚的衣服，带着护耳以防冻僵，只有水仙花保持着特有的活力和持久的香气。

有时，当大门突然打开，行人能瞥见院里。夏天，能看到有金鱼游弋的石池子。冬天，在刺骨的寒冷中，能闻到腊梅沁人心脾的香气。中国人常说：墙角数支梅，凌寒独自开。遥知不是雪，为有暗香来。

医院的右边是一家米铺。苦力们整天把一袋袋未经加工的大米装进大大的箱柜里。他们从西门进来，或直接来自停靠在码头的货舢板船，或来自江街的某个中心仓库。每天早晨，学徒们把大量的大米称重分开，从里面的储存箱柜搬运到店门前凿开的坑里。

这些坑看起来像碗的形状，大约三英尺宽，从地面陷下去。坑的上面是巨大的原木结构框架，捣杵的男人们斜靠着。无论冬夏，他们都把衣服系在腰间，露出强健的身体。他们整天工作，直至深夜。每一次捣杵都需要用上身体全部的重量，第一下是右脚，然后左脚，压下另外一端至少有四十磅重石槌棒的踏板。石槌棒每次落下，都伴随着剥去谷皮的过程。我们在医院里能听到撞击声，就像大鼓的重击，不时打断捣杵发出的单调的节奏。单调的打击声和敲打声非常长，因为他们从经验得知多少次打击可以完全去掉谷壳。然后，供应零售商人和全城无数厨房的大米就备好了。

大米是湖南省的五谷之王，是人们的主要主食。此外，仍有其他一些粮食，如：麦、粟、小麦、高粱和各种各样的豆子。每个人都知道，粮铺像医院一样，与维持人的生命有关。当家人说"他甚至不能进一口米"时，医生就了解了病人的情况。

不久，米铺的主人成为我们最好的朋友之一。他十岁的儿子某日从一个高高的谷堆跌到石路上，摔断了腿。他马上被送到医院，大腿用石膏绷带固定起来。他的迅速康复，促成了我们与这位好邻居的大米供应签定了协定。协议是按月签订的。我们作为他们的顾客，从来没有发现缺斤少两，或伪造假账。这是一种互惠服务。他成为我们的顾客，就像我们成为他的顾客一样。

在我们左边，隔着纸店的是彭铁匠和他的大锤、铁砧、锻铁炉和所有其他小型五金铺的随身用具。店主很早就过来表达了他的关心，当然也希望生意可做。他很快为我们制造了需要的铁铰链，还有固定托马氏薄铁板的铁钉。随着时间的推移，他又为我们制作了铁消毒器和工具柜。这让我们不断惊喜地发现这位大师级工匠的技能。他能制作任何金属小器具，或改变任何需要车床或锻铁炉才能完成的形状。在后来反对外国入侵者的战争年代中，除了依靠中国铁匠的技艺，还有什么地方能够制造出弹药和轻型武器以满足游击队游击战和消耗战的需要呢？

有一次，一位有名的洛杉矶牙科矫形医生为我儿子设计的矫正器坏了，不是螺丝松了那么简单。我书架上有一份安格拉医生畸齿矫正草稿的复印件，但是对我毫无用处。我们把矫正器交给医院的订约人黄老潘，他拿到位于西牌楼街的彭铁匠处。彭铁匠把金线和金钩都完美地修复了。

铁匠铺前面是专司制造铜制和珐琅抽烟装备的李老板。他的前窗摆满了水烟斗，这些安全的，缓慢燃烧的东西，中国人已经使用了几个世纪。以前在长沙，你一走进商店，一般都会递给你一个水烟袋，做大买卖的就更不用说了。小小的罐筒里整齐地填充着新鲜烟草，一个紧紧卷起的纸媒子放在你手里。在这里，没有对弗吉尼亚或哈瓦那烟草的需求，因为湖南本地生产的烟叶便可与之媲美。

向西稍远处是烟草商梁老板。他的学徒整天工作，把紧紧捆扎起来的烟叶束刨平，压成块状，手工制造的烟末非常好，可以用于鼻烟，粗糙一点的可用于水烟袋。看门人周师傅和守夜夫，以及我们的中国医生和药剂师，都到那里购买水烟袋用的烟叶。每个人的房间里都有一个水烟袋。这些烟袋正是从容不迫的中国人好客的象征。每当看见人们悠闲地、友好地抽着烟，我常常希望西方的朋友们可以发现快速、紧张的节奏往往是同事间友谊的敌人。为了和平与安宁，为了和谐和融洽，日复一日，我慢慢学会了更多关于和平、安宁、合作、人类和谐的中国词汇。其他语言有这么多这样的词汇吗？

此外，还有许多其他商店：银匠铺、铜匠铺和金匠铺，它们可以生产出最美丽的器皿。从西牌楼街往上走一点，进入我们最初打算设立医院的药王街，那里有城里最好的丝绸店。你可以买到任何花色的美丽的中国丝绸，分别来自湖南、四川或东部沿海的浙江。靠近丝绸店的是展示来自世界各地棉织品的商店，也有些商店专营重缎锦缎。

还有其他一些邻居。至少每隔八至十个大门就有"食品店"或"酒铺"以及"承办酒席"的标志。饭店到处都是，在食品的质量或客户的档次上有区分。你可以点任何东西，从一碗米饭、一盘蔬菜到一桌酒席。无论在医院还是在家，我们从来没有在吃饭方面遇到过麻烦。附近有六家饭店可提供价格低廉，与三两好友坐下来就能吃的"便餐"或者是更正式的饭菜。每个人根据自己的经济条件：穷人们一年到头很少吃肉，富人们则享受着来自大海、大河和森林中的美味。混合口味和装饰菜品的艺术一定起源于中国。

每次我们经过西牌楼街的时候，都会看到拴在街角附近墙上的小小竹篮，上面贴着红色或黄色的纸带子，写着："敬惜字纸！"

这是用来收集那些写过字或印过字的纸条碎片的容器。每隔几天，一些老人就会前来倒空篮子。他们仔细地倒掉每个碎片，带到附近的焚化炉里烧掉。我们发现，这主要涉及学问，而非卫生。

他们相信：谁从脚下拯救出一千个汉字，谁就会增加一年的寿命。

敬惜字纸

　　既然已在这里拥有一席之地，我们就希望自己在邻人的眼中并非是个外国人。我们住在他们熟悉的建筑物里，中央旅社已经有几十年的历史了。不管是为了做生意不得不在城里住一晚的、来自河对岸的村民们，还是为了补充过冬的货物来到省城的湖南省南部西部的商人们，亦或是乘坐汽船、帆船或舢板偶尔来到长沙的游客们，他们都常常在中央旅社歇脚。它之前已经拥有了价廉卫生的好名声。后来，店主暴病而毙，他的儿子虽然曾多年协助经验丰富的父亲，却没有学会如何管理一家旅馆。不过我们的邻居至少会因一件事对我们感激不尽：那就是中央旅社的猪被迁走后，每个人都得到了安宁。它们大清早的尖叫声影响了人们的睡眠和情绪。

　　当我们开始支付街道的各种费用时，作为外国人的感觉减轻了些。我们付费给街道清洁工，他们拿着短短的、没什么用的扫帚做出扫街的样子；还有掏沟工人，他们隔很久才来把街中心的石板掀开，从这条街唯一的下水道中掏出障碍物。还有每季度给点夜灯的人的费用，他们在小小的金属灯里填满豆油或花生油，以保持微弱的灯光。当然，我们会给街道行会一定的捐献。这是一种互惠合作的联合。城市长官会召集行会领导人，谴责他们破坏照明、卫生及纪律，或通知他们开征新的粮食税或煤炭税。没有强加的水税，因此我们唯一的水费就是付给将水从南门外的河流或白沙井担进来的苦力。房主将所有的财产税交付给市政府。

　　后来，我们也常常希望给盗贼行会支付年税。否则，我们如何逃过小偷小摸呢？虽然医院四周有高墙，但大门还是会被破坏，因为街窗对于大胆的夜贼来说并非一个无法跨越的障碍。此外，看门人周常常在午后瞌睡，一个善于观察的贼可能很容易溜进来，从诊疗所的手术室里偷取工具或玻璃器具。每年给盗贼行会头子提供表达友好含义的捐金，比较容易保证不被偷窃。当值钱的东西不见时，他会帮我们去找。

四周的街道有着不易被忘记的名字。与我们街道相对的是东门大街，但是，最易记住的是那些带有日常生活气息或符号的名字：荷花池、南礼街、寿星街、喜庆街、亲雅谷、日新巷。

邻居们开始感觉到，我们尊重他们的习俗，并与他们一起庆祝所有古老的节庆和假日，这是他们生活的一部分。正如他们所习惯的那样，我们每晚都关闭大门。当黑夜来临，这个街区的更夫敲打着竹梆，敲一下就代表一更。他一边敲，一边大声叫着：

各位街坊！小心火烛！

有时，他在巡视中会停下来说，"别在意冬天的寒冷，当心狭窄街道失火的危险。房子的隔墙很脆弱，纸窗户易着火！"

所有人都对睡在顶层感到犹豫。开始时，他们告诉我们，在比较好的中国房子里，门人和仆人们睡在楼上，但是家庭成员一般睡在底层。他们不希望破坏风水。

我问刘老师风水的意思。他给我解释道，"风水是一种古老的迷信。人们相信，如果一套房子高过附近的寺庙或宝塔，就会破坏风和水的灵魂。暂时，医院不应有可以俯瞰邻居卧室或后街庙宇的楼房。如果附近能有座高过楼房的宝塔，那么不幸就是可以避免的，但是在长沙城里并没有这样的宝塔。"

宝塔的层数常常是奇数，有七、九或十一层，是一种精神避雷

驱邪的宝塔

针，保护着所有在它影响之下的人们。因为附近没有宝塔，我们决定先不在楼上工作，直到我们确实劝服寺庙的僧人加高他们神圣的围墙，超过我们可能修筑的任何建筑物。如果我们的手术室设在楼上，而医院被闪电击中，想象一下邻居们会怎么说！

13　形式多样的救护车

急病请三师

美国或英国的医生可能会笑话我们唯一的救护车。一天，我站在医院门前，看见一位苦力挑着一根竹扁担，两头摇晃着装米的竹篮。他走近时，我注意到一个篮子里装着粗劣的被褥和旧衣服，另一个篮子里坐着个四岁左右的孩子，张眼四望，焦躁不安。挑夫是孩子的父亲，母亲和他并肩走着。

我问她是否带孩子来看病。"是的，"她回答道，"为了把他带来请你看病，我已经努力了很久。"她告诉我，他们家住在西边一百里的宁乡附近。这是她的第六个孩子。其他五个在出生一周之内都死亡了。母亲将孩子的夭折归罪于接生婆，她接生很熟练，但孩子出生后她用来包扎孩子脐带的绳子可能导致生病。每个婴儿都发烧，痉挛。

"她用的是什么？"我疑惑地问道。

母亲说，接生婆从她自己家门外取土，和一种白色粉末混合后，放在一块布上用来包扎脐带。她家房子旁边有一个马厩，女人认为可能是这些土导致了孩子生病。她接生的许多孩子都死于相同的症状——痉挛。这位接生婆已经在镇上居住了十年，有些丈夫向地方长官控诉她。终于，地方长官让她搬到村子的另一头，远离马厩居住。从那时起，她接生的孩子再也没有死亡的了。

　　这个孩子出生时，母亲请了另外一位接生婆。母亲一能出门，就带着孩子去了城里的大寺庙，付给和尚十个铜板，请求他告知如何挽救孩子的生命。丈夫像来医院这样，把孩子放在装米的竹篮里，挑到庙里。和尚问过孩子的生辰八字，然后告诉母亲，就像大米篮庇护谷物的生命一般，篮子也可以保护孩子的生命安全。他指导这位母亲在孩子的整个婴儿期使用竹篮作为婴儿床，直到他确实能四处跑。因此她将他放在米篮里，称之为"小篮孩"。

　　我抱起孩子，给他听诊。他有很大的心跳杂声，我立即担忧起来。

　　我能看到，母亲变得紧张起来。"让我把他放回篮子里吧，先生。他即使离开篮子一会儿，我都会不安。"

竹篮里的小孩

"把他带到我们的儿童病房，"我建议，"你从来没有见过那么多快乐的孩子。有些人有肺病，有的患有骨病。但是他们住在洒满阳光的房子里，你将看到他们在一起玩得多么开心。"

她去看了，本来是想坚定自己拒绝把孩子单独留在"外国医院"的想法，却被孩子们的快乐征服了。"小篮孩"的父亲把简陋的救护车带回家，孩子留下来和我们待在一起，直到他真正强壮起来。

还有一天，我们观看街上朝医院方向走来的游行队伍。在后院，我能看见人们敲着鼓、吹着喇叭，就像一队被雇用的音乐家。通常，有音乐的游行队伍意味着一场婚礼或葬礼。然而，他们没有在医院停下来，而是带着一尊从位于城市某偏僻角落的寺庙请来的菩萨像而非病人，匆忙经过。他们雇了非常好的轿子，像官员们乘坐的那种样式，饰有红色缎子和彩色马饰。呆坐在里面的是菩萨像，像木乃伊一样面无表情，使人战栗。

看门人告诉我，两条街外有一个重病的孩子。家人请过医生，请教过神婆和占星家，却无甚效果。之后，他们派人前往药王庙，给了僧人们一大笔捐金，雇了这顶花哨的轿子，正把药王菩萨像请回家中。他们相信，它有足够的力量将邪恶的病魔驱除，促使孩子康复。

"先生，"看门人补充道，"如果有一天他们更多地了解了现代医学，就不会再打扰药王菩萨了。"

第二天，一群人抬着一张床来到医院门前，上面躺着个病重的小孩。床是简陋的木结构，有木制床腿和绳子编织的床垫。床的另一头，我看见一只刚刚被宰杀的公鸡，脖子还在流血。

这就是我昨天听说的那个孩子。药王菩萨访问过后，伴随着锣鼓声和鞭炮声，孩子的病更重了。又有一些僧人被招来，他们建议杀只公鸡放在孩子的头上。他们告诉孩子的家人："公鸡是第一个迎接黎明的动物。正如能驱走黑暗一样，它也能赶走孩子的疾病。"

公鸡被抓来杀掉了，但孩子的高烧却更加严重了。就在这时候，一位邻居闯进他家，坚持让他们立即用床将孩子送到"外国医院"，就像他以前一样。"外国医生"能魔术般地治愈高烧。去年，他的小侄子就曾治愈过。

在失望甚至是绝望中，这位父亲和他的兄弟抬着简陋的小床，匆忙穿过狭窄的街道，来到医院。小孩耳朵里流出的一滴血提供了线索：里面有疟原虫。我立即给他注射了奎宁，接着又喂下几口药，二十四小时后再注射一次，孩子逐步痊愈了。亲戚们把空的床式救护车搬回家，床头板木上还有鸡血的黑点。

还有一个病人被他的轿夫背着来到医院。他们告诉我说从早晨六点就出发了，赶了二十里地。在城东一里处，病人昏倒了，完全虚脱。村民们尝试了所有常见的民间治疗方法：掐脖子的皮肤和肌肉，直到变成青黑色，然后在腹部重复同样的动作；他们撬开他的牙齿，将一个小铜板放在他的舌头上，然后用茶室井里打上来的冷水喷溅在他的脸上。最后，他们再次撬开他的牙齿，将铜板从舌头上拿开，仔细地检查。

"唾液没有溶解掉一点点铜板，"轿夫说，"所有的村民都相信他不会死，因此我背上他，走了两里地，来到医院。"

常常是因为认识的某人在医院治愈了，人们就乘坐舢板、帆船、大型运货舢板或蒸汽船，或乘坐汽船、火车、汽车来到医院。后来，当人们因产科成功的病例开始相信我们时，运输工具的种类就更多了。妇女们或是被卷在草席里，用绳子悬挂在竹竿的一头被送来医院，或是躺在自制的吊床里，躺在藤椅或睡椅上，甚至是躺在匆忙取下作为急救的门板上被送进医院。这些运输工具最好的一点就是几乎可以随处通行。当他们在稻田间的狭窄小路上缓慢移动时，如果遇到其他的队伍，一方就不得不转回道路的宽敞处。护送急病患者的人常常用一些神奇的信号，让其他的人让路。

无论是装饰得像官员的轿子，还是农民使用的没有装饰的竹框架的轿子，都是标准的运输工具。刘老师告诉我，中国人使用轿子已经一千五百多年了。他给我看了一幅画，出自一本古老的百科全书，配有一首大意名为"脚疾"的名诗。画中的人被放在一个篮子里，两个人用一根棍子肩挑着。更早之前，有位著名的作者乘坐肩舆前往顾家花园。从前，枢密院的官员生病的时候，乘坐肩舆前往办公地点是非常普通的事情。据记载，宋神宗时期，"仁慈对待皇族成员，同意让年老的、生病的或不能骑马的人来去都可以乘坐'肩舆'"。

1911年辛亥革命后不久，人力车成了便宜、受欢迎的交通工具。最早的人力车是铁轮，接着是实心橡胶，最后，上海传来了新的充气轮胎。最后，汽车出现了。那是值得纪念的一天，颜博士驾驶着第一辆小汽车穿过药王街的狭窄通道，从西牌楼街驶往码头，沿着码头驶过几年后我们医院所在地，前往北郊。但是这样的创新来得很慢。中国的经济状况不允许汽车很快取代两人抬的轿子。

　　一天，一位高官坐轿来到医院，在诊疗所手术室接受侯医生的治疗。出于好奇，我问他的轿夫，离开医院后去哪里。他们毫不迟疑地说将抬着官员前往东牌楼街一家有名的药铺。他们说主人常常把他的中医朋友开的药方给药铺。他认识长沙旧式学校里的有名医生，他们都经常惠顾这家药铺。

　　接下来的一周，侯医生带我到这家药铺做了一次视察之旅。这次参观很有价值，正如侯医生提醒我的，城里还有许多这样的药铺。在柜台后面，有巨大的抽屉，装着粉末、树根和树皮。在后墙的壁橱里，我们看到了一个供奉药神的祭坛，香正燃烧着。墙上有木板，上面放着贡品，拜祭古老的药王爷。

　　架子上摆放着大大的蓝色和白色的广口瓶，存放着用来延缓衰老和帮助顺利分娩的补药，如珍珠液。我看见店员正用铁勺从瓶子里舀取补药。

　　他们告诉我们，在小一些的广口瓶里，存放着种子和植物，有些非常昂贵。抽屉里的药物分类很奇怪：治眼痛用的熊胆（每盎司十美元），止吐的虎胃（每盎司四美元），治肺结核用的水獭肝，包治百病的犀牛角（每盎司二十美元），有利于治疗风湿病的蛇肉。另一些抽屉里，放着各种膏药，有些是向寺庙供应，有的是治疗身体的其他部分。

　　也许更有吸引力的是，自己坐着轿子，穿过古老长沙狭窄的街道，看着外面很多小草药铺。它们的名字很诱人：

　　永草堂　春草堂　万草堂　静远堂　保和堂　深泉堂

　　淳朴的村民从乡下用篮子挑着新鲜的草药或树根来到这些有着诗

意名字的药铺。这些草药也许有用，也许没用。被各种各样疾病折磨的穷人，来到这里请草药医生开处方。病人满怀信任地喝下他们按照行业中古老的方法熬制的苦药。

侯医生和我常常想，人们需要多长时间才能像相信这些草药医生那样相信我们。

14 "一块翡翠！"

腾先生急急忙忙地跑到我们位于南门大街的家里。他没有让看门人在前面通报有客人来访，就独自跑过长长的走廊和院子，来到我位于后院的书房。经过某个院子时，由于过于匆忙，他差点打翻了一盆正盛开着的茶花。这不是一次礼节性的拜访。

他气喘吁吁地冲进我的书房。这种方式让刘老师非常反感，因为他正在给我讲授每天下午的中文课。

"胡美医生，"他呼喊道，"请马上来。我的妻子病重。她一直在呕吐，情况越来越差。请快些！"

刘老师没有说一句话，就离开了房间。我后来知道，他直接找到腾先生的父亲，向他汇报了其子唐突的无理打断。年轻的腾先生确实应该更好地遵守礼节。他刚刚从日本返回，也许是在日本接受的科学训练让他无视圣贤教授的老一套习俗。他十分推崇化学和工程学。他常常说，在生活中谦恭的行为没有科学重要。

"好的，"我回答气喘吁吁的年轻访客，"等守门人叫到轿子，我就跟你一起走。"

"我们不坐老式的轿子，走路去吧，"他建议道，"咱们可以一边走，一边逛，我还能告诉你有关我妻子的情况。"

因此，我们步行出发了，李师傅背着我的黑色药箱随行。腾先生解释道，他妻子的预产期在七个月后。过去的两周里，她常常不间断地呕吐。她不能进食，无论固体还是液体的食物。

"你必须有足够的心理准备，她非常保守，"他警告道，"我们全家都遵守湖南的传统。从来没有外国人到过我们家。他们试图阻止我请你。"

不久，我们到达了他宽敞又凉快的家，位于南门大街外一条安静的巷子里。腾先生立即将我带到病人的床前。她正处于忧伤中，而且房间里挤满了人，使得炎夏的空气更加让人难以忍受。

姿态和衣服样式完全是贵族的两位老妇人坐在距病人床较远的一边，显然是想要保护这个女儿。腾先生将我介绍给她们。首先，他介绍穿着深黑色丝质长袍的女士："这是我的母亲。"接着，他转向另外一位穿着棕色花朵图案丝绸衣服的女士："这是我妻子的母亲。"他用英语告诉我，她们了解彼此的生活，孩子结婚时她们非常高兴。显然，现在她们被吓着了。

我答谢时，两位老妇人勉强鞠了一躬。因为腾先生和我用英语交谈，她们谁也不知道我能说中文。我对她们隐瞒实情，仍用英语问这位年轻人："两位中谁最终决定病人的治疗？"

"哦，当然是我母亲，新娘进入夫家，我的母亲就成为她的母亲，具有绝对的权威。我妻子甚至称自己的母亲是'娘家的母亲'。"

两位女士注视着我的每个动作。她们是观察者，我是被观察者。对于医生来说，成为病房里的关注焦点，是种奇怪的感觉。

最困扰我的是一群嘈杂、无知的女亲戚，她们听说这位年轻的儿媳妇生病后从乡村赶来。每个人都有关于改变治疗方法的建议。好像每个人都知道对这种严峻形势应采取什么正确的措施。此外，围在床边的还有一群女佣，不停地讨论着其他方法。在隔壁的院子里，僧人们正在为病人祈福。

家里人已经请过两位居住在南门附近的中医。一位在孕妇后背涂上起疱剂，一位开了几个世纪都被证明有效的处方，但是都没有减轻年轻孕妇的病情。

请我之前，丈夫向妻子保证外国医生知道所有现代科学医学的知识，外国医生来之后她不必害怕。但是，我知道她是怎么想的。她知道无论是通过食物还是药物，都一定要经受折磨。更别提还是位外国人！全家人都知道如果让地方医生和湖南或四川有名的草药治疗会更好些，为什么她的具有现代思想的年轻丈夫一定要请外国医生来呢？她的病是中医熟悉的那种。走老路总比冒险走未知的路好些。虽然没有说一句话，但她的表情已经显露无遗。

两位母亲走近床边，听我说话，像猫盯着老鼠那样盯着我。我仔细检查病人的脉搏、舌苔和瞳孔。他们提供了尿样，我很快进行了化验。仆人站在四周，盯着奇怪的程序。一个仆人向腾先生的妈妈耳语道，她确信我正制造一些可能会轻易伤害年轻孕妇的煎药。

当确定诊断后，我将腾先生带到客厅，坦白地告诉他情况，"我的朋友，只有一个方法能拯救你妻子的性命，那就是取出未出生的孩子。

如果他停留在体内，将毒害她的整个系统。当毒性扩散的时候，她的呕吐一定会更严重。如果你相信我，就应当让我马上行动。"

他掂量了一会儿这个建议。不久，看到我眼中的坚定，他说道："我相信你。你所说的不证自明。我的妻子被胎儿毒害。请按照建议行事吧。"他突然想起必须与家庭的其他成员商量，他补充道："先生，请等等，直到我回来。不会太久的。"

尽管在客厅没有听到几个房间外的家庭秘密会议的只言片语，但是我非常明白他们说了些什么，并害怕判决的到来。客厅的门静静地打开了，冷静的年轻丈夫走进来。坐在我旁边的椅子上，他告诉我最后的决定。

"我的母亲不同意。"

"腾先生，如果那样的话，你别介意我马上离开。我考虑过了，没有其他有效的治疗方法。如果我开始用药物治疗你的妻子，那是浪费你我的时间。"

"我完全明白，胡美医生。今天给你带来太多麻烦。我马上给你要台轿子。"

轿子沿着弯弯曲曲、熙熙攘攘的街道慢行，一到大门外，离我最近的轿夫转过来，用手掀起帘子，递给我一个红色的信封，足足十英寸长，里面有很沉的金属。那是五元大洋，医院出诊的正常费用。腾先生付了费，我彻底从进一步的责任中解脱出来了。但是我惦念了好几天这位年轻孕妇的情况，想知道她能活多久。

四周后，一个炎热的夏日，走在南门大街，我在人群中看到不慌不忙、表情平静的腾先生。他穿着淡蓝色长丝袍，相形之下我的服装显得非常臃肿。

我不应该遇到他。那将痛心地听到他的妻子继续承受病痛的细节以及……

我转进大路右侧的一条小巷子，希望能避开年轻的朋友。但是，我听到身后急促的脚步声。走近时，他叫道："等等，胡美医生。我想再次感谢你一个月前的好意，你为了我的家人忍受了那么多麻烦。我们都感激你的友好态度和专业建议，虽然我们没有采纳。"

"告诉我有关腾太太的情况吧。"

"好的，你离开我家后，我们立即采纳了家庭的另外一个决议，决定请常医生给我妻子看病。他一般被看做是三国时代长沙长官兼有名的张医生的传人，他的诊断技能和药方有效的名声遍及湖南。我们知道常医生看病的费用至少要二十两（大概为十美元），他开的药如珍宝般昂贵，但是我们决定请他。"

"常医生来了吗？"

"哦，是的！我们派了台专轿将他从靠近城墙东北角的莲花街请来。"

回想起一个月前走到腾先生家的情景我禁不住笑起来了。步行！显然，这给人留下了不好的印象。我的出诊费用只有五银元，那是很难让湖南家庭信任的数目。

"告诉我常医生的出诊情况。"

"他在一小时之内到了，他发现我的妻子甚至比你看到的时候更糟糕。他非常仔细地给她把脉，不停地告诉我们那位杰出的权威人士是怎么诠释脉象的。先生，你得知道，我们已经遵从王叔和医生的教导长达十六个世纪之久了。常医生告诉我们，因为病人的情况非常严重，他的出诊费用将是五十两。处方药的费用每剂至少十两，我的妻子需要三服药。"

"起作用了吗？"我不敢相信地问道。

"哦，是的，先生！第一服药后，她吐得少些了，无论如何她感觉好些了。第三服药后，她完全停止了呕吐，再也没有复发。现在她能吃任何喜欢的食物。她完全康复了。六个月后，我希望得到一个儿子！你知道，这是我的第一个儿子，我们都说儿子像块宝。"

六个月后，年轻的腾先生来拜访，他带来了好消息，他的儿子出世了。这次，他在客厅等我。"我妻子送给我一块宝。"

经过等待的几个月，她已经痊愈了。我想知道中国医生开的是什么有效药。

*　　　*　　　*

另外一位统治传统家庭的女性家长是楚太太。楚女士是位伟大的女性，一位诗人和画家，她还管理着家庭财务。没有人能欺骗她关于家族在西部乡村的稻米产量。

某日，这位女强人生病了，我被请到楚宅。楚议员在大门处等候我，带我来到女眷住处，然后在门口停下来，示意我进去。"里面有女佣等着你。"他说完后，回到了书房。

大卧室里，楚太太躺在一张挂着不可思议的厚厚帘子的木雕床上。帘子上有一顶装饰华丽的红遮蓬。我思忖着，该如何诊断一位如此密闭的病人。

　　仆人们拿来一张沉重的黑檀木椅子，放在床边。她们开始描述女主人的病情。显然，看病之前，她就教会她们如何向外国医生描述，她是什么时辰开始不舒服的，她开始发烧的时候天气情况如何。

　　听过她们的叙述，我问了几个有关这位看不见的病人的问题。整个情景让我想起老式的参加礼拜者，无论何时他们咨询，神使都要在幕后说话。

　　一会儿，楚太太用沙哑的声音补充仆人的话。我另外问了几个问题后，好奇地看到帘子分开些许，病人的手伸出来。她手上拿着一个小小的裸躺着的象牙雕像。"对于一位有地位的中国女士来讲，接受男医生的检查是不合适的，"她说，"因此我在这个象牙雕像上标出两个疼痛的部位——胸部和腹部，交给你看看。"

　　我很高兴地仔细检查了这个小小的象牙雕像，希望能将它作为自己的中医珍藏品。把象牙雕像给我后，楚太太将右手放在帘子外，我立即明白她希望我给她把把脉。把完右手的脉，她又将左手伸出帘子。我仔细为她把脉。

　　我提出几个有关发烧和喉痛的问题。在我开药之前，楚太太补充道："别忘记告诉我忌口的食物。"渐渐地，她的智慧逐步显现出来，那就是：开处方之前，告诉病人忌口的食物。

　　中国没有"软饮食"一词，我解释说她能喝稀粥和茶以及果汁。她对果汁持怀疑态度。她认为水果与正常的饮食没有什么直接联系，很难定义为热性还是凉性。很快，我发现楚女士阅读过所有古代医生有关饮食的著作。这是我应当补充的一点。

15 "虽然他是外国人"

醫不三世
不服其藥

拜访腾太太不久后的一个晚上，刚刚半夜二更时分，我被急促的敲门声吵醒了。"医生，请快点！程太太正在分娩！"从不停的敲门声和送信人的喊叫声，我能判断出这是一个严重的病例。

带上褐色的产科包和一个长长的用来消毒工具的鱼形罐，几分钟后我就出发了。带信的仆人给我领路，保证我没有迷路的危险。当时正是午夜时分，瓢泼大雨持续了两天，街道已经变成了奔腾的河流，对于步行者来说举步维艰，但是我想走路比坐轿子更容易通过防护栏。

一片漆黑！只有一户人家门口的一盏虚掩着的小灯笼发出噼噼啪啪的声音，灯芯放在一个盛着些许豆油的茶碟里。此外，还有从一盏放在木架上的小小的煤油灯里发出的微弱光线，试图穿透黑暗。这些光亮是由于一些家庭的乐善好施，负担了大门外灯火的费用。在城市里，永远不可能有充足的照明，因为这只会让人露富，并引诱夜游贼。事实上，偶尔的一丝灯光反射在到处是水的街道上，很难让步行者看到他经过的水道的危险。

突然，我们慌慌张张闯到了栅栏门里，栅栏门把去街道的路完全封住了。二更后，栅栏门就关闭了。

"先生，我这就叫门人。"

"可你去哪里找他呀？晚上所有的房子都上锁了。"

但是，他告诉我，这是个病区门，是用来分隔病房的。每个门都配有单独的看门人，他们睡在上方的小隔间里。他说，在来我家路上遇到的三个守门人当中，这个人最难叫醒。

他的叫声很大，足以叫醒街上所有的人，但是有木栅栏的门洞里并没有回应。我看看门洞的大小，不超过成人的高度，肯定没有两尺高两尺宽。睡在这样的门洞里，就好像睡在棺材里。

我的向导仍在大声喊叫。

"你想干什么？"一个粗暴的声音回答道。

"下来开门！"

"哼！现在不行！黎明再来！"

"不行！马上下来，外国医生要去接生。产妇正在危险中。快点下来，你个老无赖，否则明天我就向长官告状。"

"为什么不请接生婆呢？为什么半夜请医生？还是位男医生！接生不是男人的事！"

"别抱怨了，老家伙。你不能裹得像大狗熊一样一直待到春天。下来，快点！"

"来了，来了！但是下面太冷了，我能看见你呼出的气。"

睡眼朦胧的家伙渐渐松开破破烂烂的棉被。他几乎每晚都围着它，大概用了几十年。我们听到他的抱怨，"二更后，消防队或巡逻队会经过这里，但为什么医生也要这个时间来呢？如果他有名望，为什么会在这时候步行穿过被淹没的街道呢？"

在小卧室里磨蹭了一阵，一个瘦弱的、衣衫褴褛的家伙慢慢走下狭窄的楼梯。接着，看门人嘟囔着说自己忘记拿钥匙。又爬上去取钥匙，然后下来。我们一直举着灯笼为他照亮，直到他找到长长的笨重钥匙，并插进生锈的铁锁。最后，伴随着嘈杂的嘎吱声，木栅门打开了。

我一直在想可怜的病人到底怎么样了。

我们在黑暗中涉水前行，最后到达了城里较好的居住区，这里的房子更气派，门口的光线更好。在我们到达程宅之前，还经过了另外两道栅栏。我的带路人敲打着大大的铜锁，里面的一位佣人打开门。"先生，你是外国医生吗？太太正在危险之中。这边请。"

来到病人床边，我发现她已经阵痛四十八小时了。显然，她完全筋疲力尽了。几分钟后我就发现，需要用器械来帮助她分娩。

想象一下这场景吧！没有护士，没有麻醉师，没有曾协助过现代医生的人。当然，也没有电。房子里仅有的光线来自小小的锡制灯，里面有用煤油点燃的灯芯。幸运的是，在中国人的房子里，有足够的开水供应，厨房的砖炉上一直烧着热水。

我带来了消过毒的床单和毛巾，但是现在我究竟应该如何麻醉病人呢？我能用那些老妇人吗？也就是接生婆。我进来后，她们一直用怀疑的目光盯着我。她们的衣服不干净，邋遢的袖子拖到手中。我肯定她没有洗手，就像一路上叫醒的看门人。显然，接生失败了，她们的表情中夹杂着对外国医生的愤怒，外国医生被请来代替她们，至少可以理解为她们不能收取任何费用。不，我不能接受这些无知妇女的帮助。

就在此时，我注意到一位看起来合适的年轻女仆，她显然刚从乡下进城，靠边站着，等待命令。她的大脚（1911年辛亥革命之前，缠脚已经不流行了）让我更确定她是这家新买的仆人。她看起来足够强壮，因此我带她来到隔壁房间，拿出氯仿瓶，向她演示如何滴液体，每次一滴，滴在面巾上。

"一、二、三、四，就像这样的速度。每次一滴，我数着。不要太快。现在，你能按照我教你的去做吗？"

"先生，我会试试。你必须非常清晰地数着，因为太太肯定会呻吟。先生，我以前从来没有做过！"

没有合适的床，只有一张很不舒服的低矮的轻便小床，纤维绳子上放着一床补过的被子。我知道，孕妇可怜的身体经过整整两天的剧痛后已经筋疲力尽了。

家里的男人一个个默默地离开了。生孩子时，他们常常离开，把产妇交给女性亲戚。在丈夫离开之前，我问为什么所有的碗碟柜和抽屉都打开了，甚至卧室和隔壁房间的箱子盖子也全部敞开着。

"孩子出生时，中国的习俗是要打开所有能打开的门和抽屉，掀开所有的盖子。女人相信这样有助于确保产道大开。"

"但是，为什么接生婆没有使用任何有助于减轻疼痛的药物呢？她们清洗过吗？看看她们的手多脏啊！"

"哦，我们男人把所有这些事留给女人处理，"他提醒我，"我从来没有听见她们指示接生婆清洁。也许应当坚持，是吧？我们必须让家里的女人多学些现代科学。"他朝门口走去说，"半夜三更赶来，真是麻烦你了。"

我数着一、二、三、四，听到女佣往面巾上滴着氯仿，轻轻地数着一、二、三、四。

我从来没有看见这样一群充满恐惧的人。这些旁观的女人脸上的紧张、皱着眉头的阴影，让她们看起来像是魔鬼戏剧中悲惨的面具。她们挤在房间的一角，病人的深呼吸显示她正变得不省人事。

当麻醉药充分生效后，我开始进行手术。我心里很害怕，惟恐我新培训的麻醉师因紧张而晕眩甚至昏倒。当时，她焦虑至极。事后，她告诉我，一想到如果病人因吸入这种强力药剂而死亡，病人家属会如何处置她时，她就颤抖不已。

但是，她做得很好。我用器械工作时，她非常细心和沉着。不久，盼望的孩子诞生了。他有力的哭声将房间里的女人们从蜷缩和恐惧中唤醒，两盏煤油灯点亮的房间变得欢庆起来。她们给孩子穿上明红色的衣服，抱给父亲。现在我们开始庆祝了。

恭喜！恭喜！大家都在祝福。父亲的愿望达成了。弄璋之喜！

父亲满怀感激喜气洋洋地走向我，"我们将为孩子取你的名字。"

门再次打开了，我走向小巷，再次穿越在黑暗中，叫醒了第一个栅栏的守门人。穿过第二、第三个栅栏时，黎明已经来临，只见昏昏欲睡的看守人从住处走下来，然后消失在城市里某个黑暗的角落，直到另一个黑夜来临。

回到家时，已经四点了。我很高兴在雅礼医院一天的忙碌工作开始前，能睡上几个小时。中午前，南门大街上的家家户户都在传颂，男医生在遇到难产时可以创造奇迹，"虽然他是外国人"。

16 伟大的太平门

玉不琢不
成器人不
磨不成道

通过与来医院的各种各样病人的交流，我很快意识到中国因政局的变动而动荡不安。从北京到广东，新老派系之间存在着紧张而激烈的斗争。1910年年初，由保守的地主阶级支持的清廷在权力即将被剥夺的日子里，再一次将人们对他们的敌意转向所有西方人士。

长沙的情况突然紧张起来。米价飞涨，街上的人们甚至买不到基本的口粮。他们聚集在衙门门口，高声谴责官员。一位古板而顽固的老绅士叶马楚（音译）抓住机会，和他的亲信一起，激起乌合之众，点燃了反对外国人的行动。我们在医院，观察事态的发展，虽然不是特别慌张，但还是担心将会发生些什么。

4月14日凌晨一点，一阵猛烈的敲门声吵醒了我们。那是我们的门人，他的眼睛瞪得像茶碟那么大。

"医生，医生！"

"怎么了？"我立即醒来，回答道。

"你必须马上逃走，"他大声说，暴乱者冲过街道，点燃了隔了几个门的挪威使团。他们还砸烂了位于书院街的中国内地会（The China Inland Mission）。我们位于两者之间。看门人关了内门，但是暴乱者可能用武力攻破大门。

"告诉唐师傅，给女士们准备轿子，"我叫道，"让她们把孩子们抱在腿上。男人们步行。"

"不，先生！不行，先生！不能那么做！你不能到街上去，你必须马上逃走！"

马上逃走，却又不能到街上去？我们没有地道。后来，我脑海中突然冒出一个解决方法。我们能通过太平门出去。那是个隐蔽的门，常常用泥巴敷起来再刷白，看上去就像后院的墙。每个中国居民在后院都有这样的后门。好像中国家庭在建筑房屋时，都假设了火、洪水、暴徒的袭击可能随时来临，与后院相连的邻居常常会提供避难所。常见的逃离危险的方式是通过太平门，而不是经过前门，也不是从一个屋顶的防火墙跳到另一个屋顶。

我们告诉门人，打算通过那道门出去。他点头同意，跑到楼下集合其他的仆人。

院子里聚集了我们一家人，三个孩子，分别是六岁、四岁和一岁，还有三个美国成人和一个婴儿。没有时间开会讨论。我在院子里发出指令，要求大家准备好食物，带着钱财。我的妻子把几听浓缩牛奶罐头和一个开水瓶放进野餐篮子，带着些孩子们的保暖衣服。幸运的是，现在是4月14日，春天气温回升了。我则从书房里的保险箱里拿出所有的现金，五十银元和一盒八英寸长四英寸宽的红色名帖，那是革命前名片的形式。事实证明，没有比这更明智的选择了。

男仆袁师傅从厨房给我拿了把短柄斧，敲了几下打开了太平门。那天凌晨一点半，当我们打通墙洞的时候，完全没有想到邻居竟然那么热情好客。我们对他们一无所知，大家从来没有互相拜访过。他们的前门和我们的前门开在平行的街上，相隔二百码，但我们属于不同的城区。可是，半夜闯入的外国人受到了欢迎。

我们发现，他们知道隔墙住着美国医生。住在他们北边的邻居几个月前曾拜访过我，当时那位年轻的母亲几乎难产而死。她的康复和孩子的健康，让那片地区的住户对西方的产科学赞赏不已。但当他们谈到医生时，常常会加上一句，"为什么一位男医生会愿意参与女人生产？他应该知道那是接生婆的工作！"

他们一家人都起来与我们会面。他们看见我们带着小孩子，就冲进卧室，从床上抱起自己的孩子。他们力劝我们给孩子穿上他们孩子冬天穿的小棉袄。"快点！"他们催促着，"暴徒们可能闯入你们的房子，穿过太平门，发现你们都在我家的走廊里。让你的孩子们赶紧穿上这些衣服，躺在床上。我们用厚被子把他们盖起来，没有暴徒会发现他们是外国人。你们这些大人应该穿上厚袍子，安静地坐在孩子们睡觉的房间里。我们会为你们放哨。"

很难想象，附近发生火灾时，美国邻居们会对半夜来访的其他种族的人们如此友好。他们可能想到让我们躲藏会带来危险；他们可能听说正在进行的排外活动，不知道政府是否能控制形势。然而，当我们躲进他们家的时候，他们表现得好像这一切都是顺理成章似的。

我们把孩子放到床上，将煤油灯调暗。孩子被午夜的突发事件吓得发抖，要坐等黎明并不容易。

　　我派人喊来厨师唐师傅，给了他写在长长的红色名片上的五个紧急消息。我告诉他，必须设法马上把它们送出去。一张是送给英国汽轮船长，要求他不要按照平时早晨那个时间前往汉口，等我们的安全得到保证后再走。两张送给学校和医院的同事，一张送给英国领事（直到1915年长沙才有美国领事），一张送给杨将军，他指挥着驻扎在浏阳门外的军队。

　　我知道消息会送出去，因为厨师是本地人。我给带来回信的人一银元，这在当时值很多钱。我们坐等着，内心充满担忧和疑惑。没有办法知道长沙的中国人是否准备反对我们。

　　一小时后，唐师傅带回第一个回复。阿加兹（Agassiz）船长承诺听到我们的消息才离开。城里其他使馆团体的朋友给我们捎来消息。事实上，他们的房屋都受到了损害，有的被暴徒打成碎块，有的则完全被摧毁。

　　刚刚拂晓时分，我们听到士兵的脚步声。主人进来告诉我们，杨将军已经派了一百名配备步枪和刺刀的士兵护送我们前往城东的军营。他们在街外等候我们。出发前，热心的朋友为我们提供热茶，为孩子和女眷准备了轿子，帮助他们上轿。男人们在轿子两边步行，经过安静的街道。此时正是早市时间，原本应该人来人往，热闹非凡，现在却空空荡荡。甚至警察岗亭都被暴徒打翻了，现在是空的。不久，我们到达了浏阳门，将军已经传令让我们通行无阻。

　　出了城门，直接穿过军用道路，看见了我们的目的地——军营。军号吹响，三台轿子和尾随的一百多名步兵组成的队伍进入到封闭的军营。在指挥部，将军亲自跑下台阶用举手礼迎接我们。他请我们休息一会儿，命令给我们房间提供茶水，邀请我们七点钟与他共进早餐。

多么丰盛的早餐啊！杨将军肯定担心我们饿了几天了，慷慨地让他的厨子为我们提供了一餐。

早饭后，杨将军再次叫来轿子，让我们到几里外的乡间去。田地里有春的颜色，冬麦的绿色和芥菜的明黄，到处是一片片的嫩竹，每户农家好像都位于牡丹花园中。远处，河对岸，岳麓山到处是粉红色和红色的杜鹃花。沿着北墙，我们转向河边，很快到达了英国领事馆。

下午早些时候，领事派了艘汽船，保护我们一行人逆行到达阿加兹船长停靠的河中央。看到喷出的浓烟，我们的心沉下去，城里一处处都在起火。我们登上"湘潭号"，挤在能看见城市一边的甲板上，沮丧地看着可怕的景象。我们居住和工作过多年的城市，好像要在火焰中化为乌有。我们能数出至少三十处火焰。在前滩，我们能看到海关大厦的残骸，靠近它的是属于两家英国轮船公司仓库的废墟。每次有新的燃烧点，我们就试着猜测是谁的财产。

我们的朋友一队队地乘坐小舢板船离开岸边，来到汽船上，这里看起来开始像难民营了。我们围着船长坐在餐厅，大家开始讲自己逃难的故事。

午夜前夕，衙门被攻破，并完全被摧毁。后来，暴民们冲进海关，放火烧了那里。阿加兹船长在黑暗中告诉我们，他的监视哨发现有四十八处地方着火。

英国领事是我们中间最闷闷不乐的人，他说："显然，这意味着西方人再也不能进城了。"

那天下午，四十名难民乘坐一艘英国汽轮离开长沙前往汉口。妇女和孩子们待在船舱里。男人们铺上毯子，一排排躺在甲板上。在去汉口的路上，我们遇到了正匆忙赶往长沙执行巡逻任务的美国军舰"韦拉罗波斯号"（Villalobos）。

三天后，男人们返回长沙，像平时一样工作。侯医生讲述了那晚发生的一个扣人心弦的故事，证明了友谊的力量。

我们发现当局曾命令把雅礼学堂和医院的所有房屋都贴上官封，由官兵守卫。我们的房屋、学校和医院里，没有一扇门被攻击，没有一块窗玻璃被打碎。我们的衣服和小饰物仍原封未动。显然，我们没有在黑名单上。

西牌楼街的雅礼预备学校年长的看门人用泥巴填平了界石上"雅礼学堂"几个字，隐藏了曾经被"外国"占有的迹象。偶尔经过的人不会停下来把它们挖出来，露出藏在那里的名字。

最戏剧性的一幕发生在医院门前。一群暴徒在街头气势汹汹地疾走，寻找政府或"外国"财产去破坏。他们到达雅礼医院前门的栏杆时，有些无赖叫道："这是外国建筑！我们进去，捣毁它！"

暴徒们突然停下来，转向门口要撞开它，此时一个宽肩膀、高个子的家伙叫道："住手！这是医院，两年前他们从我腿上取出了一颗子弹。如果骚乱继续，肯定会有射击，我们中某些人可能会中弹。我们必须考虑到紧急情况而留下医院。我们可能需要它。前进！"

他说话具有权威性，暴徒们听从了。拯救医院的是我们的第一个手术病人——姓黄的强盗。

巡视过后，我们很高兴地发现医院没有受到任何损害。侯医生把我带到办公室。"我想，那天晚上非凡的经历完全与我们有关，"他说，"当然我没有危险，作为中国人，我和街上的其他人一样。我走出去，在外面看到了这个。"他展开一张两英尺见方（1英尺＝30.48厘米）的粗糙的黄色方形纸。这是暴动当天他在医院前面发现的一张宣传单。上面用大大的中国字写着：

雅礼医院

确系租赁房产

在这个危急时刻

已经搬走了，留下空荡荡的建筑物

街道上的行会已经关闭、查封了它

为了预防无法预料的危险

为坚持到米价正常

为拯救不幸和照顾穷人

募集十万资金

欢迎大家踊跃捐献

这是官方公告

请积极参与，不得支吾搪塞！

药王街和西牌楼街街道行会

联合签名

那张黄色方形纸被我们作为无价之宝保存了下来。

17 "时机还未成熟"

天下無難事
惟要有心人

我在汉口参加了1910年举行的两年一次的中国医疗使团会议，并在码头迎接了颜福庆医生。他是位年轻的中国人，在耶鲁大学接受过训练，到此来和我一起工作。能立即放下一半的担子，对我来讲好像是个奇迹。

在栏杆处，从拥挤的人群中认出颜医生并非难事。一位瘦瘦的中国年轻人，不到三十岁，穿着件厚厚的美式外套大衣，神采奕奕地走出跳板，衣着、步伐和敏捷度与其他乘客形成了鲜明的对比。其他的中国绅士仍是老式的满族辫子，穿着厚厚的棉袍子抵御二月寒风。从甲板走到码头，颜医生看起来既属于这个世界又与之不同。

"欢迎堂弟！""欢迎颜医生！"他的几个亲戚在码头上大声叫道。我们在码头已经等了几个小时了，因为九江位于下游一百五十里处，有关汽船出发时间的电报只提供了到达汉口的大概时间。

　　我对颜医生表示了欢迎，向他的家人介绍过自己后，我们一起走向他堂兄弟的家。他们的问题一个接一个，询问他在南非两年和美国四年的经历。我急切地想知道，他途中经过柏林、维也纳和巴黎所参观的医院状况。

　　和他的亲戚们喝过一杯茶后，我拖着颜医生离开了，去参加医学会议。我不想他错过中国医疗使团会议，哪怕一小时，该会议已于当天下午早些时候开始了。"在场的将有来自全中国的医学传教士和社团从业者。我想让你认识他们所有人，并让他们认识我的新同事。你不用感激，"我继续说道，"你的到来真是意外之喜。我已经在长沙等了五年了。你知道吗？医院里没有一位受过现代医学教育的医生能商量或分担部分重任的。顺便说一下，我希望你喜欢外科。我想把所有的手术工作转给你。如果你接受的话，我就负责内科。我将非常感激。"

　　"外科正是我希望的"，他回答道，"我喜爱眼科工作。你在长沙做过很多手术吗？"

　　"你全都能应付！"

　　我们沿着码头行走，我突然意识到会议上可能没有其他的中国医生。他们都是美国人、英国人，还有一些欧洲人。他们会热烈欢迎我的新同事。

　　"在华中地区，许多医院的工作是由西方医生完成的，"我告诉他，"他们还没有尝试和高资历的中国医学毕业生一起合作，虽然应当如此。"我补充道，"但是，能干的中国医生很少。我能想象到今天下午会议上某些人看到你走进去时会惊讶不已。记住，你是中国新生活的先驱。我们将向他们展示中国和美国的合作团队能做的事情。"

　　走上会议室的台阶时，我想到在拥挤的中国大城市的中心出现一位中国医生是多么奇怪的一件事呀。据我所知，整个华中地区只有一位受过西方训练的医生。我希望颜医生今天能交上许多朋友。

　　到达时正是下午茶时间，英国主人非常和蔼，但其他医生的冷淡态度让我很悲伤。一位老人把我拉到一边，问道："你带来的那位年轻的中国人是谁？"

　　"他是我的新同事，颜医生，昨天刚从美国回来。"

　　"你的意思是说，你们在美国的社团派了个中国人做你的同事？他真的作为你医院的职员，享有与美国医生同样的地位？"

　　"为什么不呢？他接受了与你我一样的职业训练。他正准备将自己奉献给基督教医学在中国的服务事业，就像我们所做的一样。毕竟，他们是他的同胞。"

　　"你会后悔的。时机还未成熟。为什么？以前没有这样的事。当然，未来我们应当雇用中国医生。但是，让他们作为同事，成为我们中间的一员，还为时尚早。我们必须训练和指导他们。我提醒你，你将为这样的不成熟行为而后悔。"

　　事实与之完全相反。颜医生的到来就像避雷针一样阻止了许多灾难的发生。在保守而古老的湖南，从来没有什么事能如此完全赢得中国人的信任。自从大家知道一位在海外受过训练的有能力的中国人，成为耶鲁在中国内地圈子的一分子，我们的医疗团队在社区中的地位提高了，受到了长沙的家庭和机构的持续欢迎。

　　两天后，汉口的医疗会议休会，我们出发前往长沙。到达岳州时，因为湘江的水位太低，我们的汽轮半途停下来。我告诉颜医生自己五年前对岳州的第一印象，穿过主要街道的被封的石拱门在当时就像是湖南省排外的前兆。

第二天，我们雇了艘窄窄的长帆船，完成剩下的旅途。一路顺风。几百英里路途仅走了十七个小时。这种好运气也许是由于船尾挂着的金字——"顺"。

当晚，船在航行时，外面仅有的声音是船板下二十四头猪的呼噜声和水流声。我们挤在甲板舱室取暖，我请求颜医生给我讲讲他的家庭和早期生活。

他的家在上海，但是他的家族最早来自福建省，是为了逃避太平天国起义对土地的毁坏。他的祖父母到达上海时，一位中国牧师为他们提供了庇护所。祖父母的两个儿子进入学校，即后来的圣约翰大学。毕业的时候，哥哥被送到美国接受神学课程，返回中国后，他成为主教派领导人中的佼佼者。弟弟也到了美国，进入凯尼恩学院（Kenyon College）。在美国内战高峰期，凯尼恩学院的全体学生都加入联邦军队，弟弟亦加入其中。战争结束后，他回到学院，完成了学业，被任命为主教派牧师，派往上海北部郊区。在那里，他遇到了邻近郊区的一位姓吴的年轻牧师，他也刚从美国返回，也在内战晚期参加了联邦军队。很快年轻的颜先生和他同事的妹妹结婚了。颜医生就是他的第二个儿子。

"你拥有多么伟大的遗产呀！"我惊叫道，"那是两个大洲的故事。"

从上海预备学校毕业后，颜医生接受了几年科学课程，进入了圣约翰医学院。他响应了给在南非钻石矿井工作的中国工人提供医学帮助的号召，中途离开了学校。他完全是在冒险，但是到达非洲后，他认识到自己所受的训练缺乏足够的基础，尤其是化学、解剖学和生理学。同时，他在美国的朋友鼓励他继续学习全部的医学课程，于是他最后离开非洲，前往纽黑文。

他没有预料到耶鲁大学医学院的课程这么困难。医学词汇特别难，还有，他几乎不能忍受那里寒冷的天气。后来，他在上海的家人也不能理解为什么他有奖学金还时不时向家里要很多钱。

"你不清楚医学课程是所有职业教育中最昂贵的吗？"我问道。

"是的，一年之后他们理解了，"他说，"但是第一年，我学习非常努力，筋疲力尽。"

到了感恩节，颜医生完全气馁了，他决定彻底放弃学业回国。感恩节晚上，他在教堂街走来走去，漫不经心地看着商店橱窗，很高兴自己很快就要回国了。就在这时，他突然听到一位年老的美国朋友威廉姆（A. C. Williams）的声音。"我正在找你，"威廉姆叫道，"很遗憾，今天在哈特福德没有找到你参加我们的家庭感恩晚餐。在那里，我们谈论到你，我立即跑到纽黑文给你提个建议。在成为医生之后，我希望你能到长沙和胡美医生一起工作。"

颜医生告诉他不可能了。他决定下周乘船回上海。

但是，他的美国朋友没有气馁。他挽着颜医生的胳膊，他们停下来喝了杯热咖啡，一直到深夜还在讨论长沙。第二天，颜医生没有买到上海的船票。不久，雅礼协会执行委员会接受了他，如果他在上海的家人同意，他愿为长沙作贡献。

"你在完成医学课程的过程中，有过动摇吗？"我问道。

"不！我很幸运得到一份毕业奖励，使家人高兴，他们总是责备我在美国待的时间太长。上个暑假，我到英国取得了热带病医学的文凭，现在我准备好工作了。"

　　船一路借着强劲的北风，而我们则裹着格外温暖的毯子抵抗着二月寒夜的风。第二天，阳光明媚，船在西门外快驶。当我们一起穿过狭窄的街道时，我意识到那天将是长沙现代医学新时代开始的一天。从现在开始，一位中国医生和一位美国医生将在一起工作。就像一位中国古代哲人说过的那样："兄弟同心，其利断金。"

18 文化传统

性相近
习相远

很多年后，我们才明白在长沙遇到的病人反应背后的含义。西方人常常随意地说，"你肯定没有发现中国病人对疼痛没有西方人敏感，情绪反应没有西方人大。"在我看来，这样的想法过于肤浅。

随着时间的推移，我开始发现什么危险让病人无动于衷，什么情况会让他有点生气或异常倔强。渐渐地，我懂得了，如果日常生活中的事务是在他熟悉的范围之内，与其所理解的宇宙相联系，就不会打扰他的镇静。

例如，无论多么可怕，人们总是希望罪犯被处死。我记得，一位病人的死亡没有激起他人的愤怒，却困扰了我。我在医院治疗的一个病人，是一个声名狼藉的组织的成员，被控告并处以死刑。我无法判断他是否受到了公正的审判。他的手脚带着叮当作响的重重镣铐，沿着西长街走向行刑处，我跟着队伍。当我走在犯人和士兵后面，抬头一看，看到此前长官命令处死的犯人的头颅，正挂在街道交叉口竖立的柱子上的木笼子里。

整个街道充满肃杀的气氛。犯人经过时，人们转移视线，避免看到犯人和被示众的头颅。但是，没有对抗政府的情绪，极刑的执行也没有打破熟悉的循环。中国人常常将危险、疾病、灾难和死亡视作宇宙的常态，如同健康与幸福一样。

接受并按此生活是明智的

徒劳的挣扎

无谓的反抗

都是没用的

这是宇宙生活的本质

自然的灾难没有打扰到他们。凌晨，我们被一阵可怕的雷声惊醒，很快，一位信使冲进房间，请我到北门去看望一位受伤的人。当我赶到时，病人死了。他被闪电击毙，燃烧的身体很可怕。即使我，作为一个医生，也感到了不舒服。

"太可怕了！"我对围观的人评论道。

"哦，不，先生，"一个人坚持道，"应该如此。这个家伙是长沙城里最卑鄙的人。今天天亮之前，这个恶劣的小偷在黑暗中蹑手蹑脚，偷走了放在育婴堂门前篮子里的婴儿脖子上挂着的一串钱。"

"他试图逃走，"另外一个人打断道，"但是没有逃出五十步，老天爷就惩罚了他。雷神常常留心发现并惩罚那些邪恶的家伙。与他同行的神仙使用镜子，将刺眼的光线反射到罪犯身上。"

"老天爷的行动真及时！"我对旁观者说道。

"哦，先生，小偷应及时处置。老天开眼呀。"

另外一次，长官允许我参加三名臭名昭著的犯人的死刑，两男一女。刑场离衙门不远，我被告知要在早晨六点之前赶到现场。士兵们站在四周，台子放在中央。僧人穿着袈裟在现场做法事，不仅为罪犯，也为行刑者祈祷，后者需要灵魂的净化。

时间到了，行刑者把他的刀交给助手，走到三位带着镣铐的犯人站立的地方。他分别在三个人面前跪下磕头，表示对祖先的崇敬。这样就洗清了他的罪过，因为他完成了中国人公认的意义深远的道歉。犯人们因受到磕头，也保留了脸面。

在他们被带到台上之前，我问长官的幕僚——我的官方向导，作为一名医生，我能否为每个犯人听听脉搏次数。他同意了，和我一起走近他们。一个男人的脉搏是七十二下，另外一个是七十四下，女人的脉搏是七十八下。我自己的脉搏是一百二十八下！

在中国，自杀和死亡一样，并非新鲜事。一位妻子可能因为报复丈夫的残暴而自杀。一位失势的官员，可能指望自尽陷自己的上级于不义之地。许多人认为，他们可以割断脖子以拯救自己的面子。

附近的一个中国家庭的厨子告诉他年轻的学徒，隔壁刚刚有人自杀，并补充道，"可怜的家伙，没用的东西，你知道吗？如果你也在家乡外自杀，对你妻子而言，对我们大家而言，都是一种解脱。"

这种谴责发生在其他仆人在场的情况下，年轻人完全失去了颜面。他走出去，服用了过量的鸦片，在厨房门边躺着死去。现在他的灵魂会在四周盘旋，神出鬼没地对厨子进行一连串的报复。不需要验尸官的审讯，没有法律审判：接到报案的官员非常熟悉这种复仇的方式。但是，仆人们请求我们当晚把所有的房间都点上灯。死人的灵魂会在黑暗中巡游，甚至会闯到我们的房间。

希望摆脱丈夫的妻子们尝试了一种又一种自杀的方式。有的取下金戒指吞下。一位年轻的母亲多次被紧急带到诊疗所来，"医生！医生！"亲戚们恳请道，"快点帮帮她！她吞金了。赶快行动，否则她会死！"

我无法断定吞金致死的信念始于何处。如果吞金导致死亡，也是因为同时吞下的大剂量鸦片。

如果妻子一心寻死的话，更有把握的方法是在自家院子里跳井。长沙的水井上盖着一块厚厚的大理石板，石板上的口子恰好容纳一个吊桶。揭开水井盖需要花费很长时间，可怜的妻子为了实现自己的目的，常常需要酝酿很久。如果她死了，可怜的丈夫就会在街坊邻居面前失去面子。尽快找到一位相信他的伴侣的机会便会很小。

人们常常在床头挂个符咒，以避开自杀后复仇的灵魂。最好的符咒是用旧黄铜做成的剑，或把铜钱串起来。为了让符咒有效，必须把剑放在自杀发生的地方。接着，钱币上刻着的皇帝会庇护游荡的灵魂。其后，灵魂（幽灵）就会成为生者的守护神。死亡、自杀这些事件，在中国传统中已被接受，因此不会激起情感的波动。

在医院，我们发现只要治疗顺着他们的思路，病人就不会害怕。因此，让我惊奇的是，当我建议一位患白内障的老人手术时，他的亲戚们好像完全乐意。"我们希望，"他们说道，"带他去看住在西北门附近有名的眼科大夫方医生。他用针拨术治疗白内障已经一代人了。"

白内障手术应当在不注射麻醉剂的状况下进行，我向他们保证病人不会感到疼痛时，病人的朋友们打消了疑虑。白内障的病例在长沙非常普遍。人们知道必须用工具处理它们。

如果看到我开处方，病人的信心常常会增加，特别是在保守的绅士家中。"请医生开方"是诊断后不变的要求。

渐渐地，我了解了许多有关植物作为中药的价值。显然，除紫花苜蓿和葡萄外，中国药典里所有的药物都是本土的。它们是两千年前从伊朗引进的，已经被用于饲料和药物治疗。每个人都这么认为。令人惊异的不是如此多的植物药物产自中国本土（如麻黄），而是如此多的动物制品也被认为有治疗的功效。

几十年前，帕特里克·曼森爵士[①]在厦门行医时，曾为一位患恶性贫血的西方妇女治疗，但没有成功。后来，一位有名的中国医生承诺为她治愈。他让她吃乌鸦的肝脏，结果她神奇地康复了，这让曼森非常吃惊。这比西方科学发现肝脏对恶性贫血具有特殊疗效早了二十年。

在一些病例中，我们建议的治疗方法被高高兴兴地采纳，他们没有认识到中国本土的医生以不同的形式使用同样的物质已经许多世纪了。因此，海藻汁（我们知道含有碘）有规律地开给某些甲状腺肿病症患者，某些脂肪含量高的鱼的肝脏开给肺结核患者。经验性和实验性医学变得越来越引人注目。

此外，种痘已经被每个人接受了。在宋仁宗年间，一位尼姑登上靠近西藏的四川境内峨眉山的顶峰，教授天花接种。现代的淋巴是真

---

① 帕特里克·曼森爵士（Sir Patrick Manson，1844—1922），苏格兰人，寄生物学家，在中国工作长达二十三年，是热带医学的先驱者，被称为"热带医学之父"。

正从小牛身上提取的，但这也同样是预防天花的本质方法。这是现代预防医学中最受信任的程序。国家卫生部成立后，它最早的计划中就包括了制造疫苗和血清。在很长时间内，我们的诊疗所都是长沙的种痘中心。

但是，一旦我们计划在熟悉的范围之外做些什么的时候，障碍就出现了。没有人曾听说过氯仿麻醉管理或其他。"什么?!"一位母亲曾向我叫道，"你要把那个大大的白东西倒进孩子的鼻子和嘴里？不行！他不能呼吸。那比刽子手还要糟糕。毕竟刽子手干的每件事情都是公开的。"

我很多次哀叹失去给病人实施外科手术的机会。首先，人们还不习惯接受任何未知的冒险。但是，一段时间后，我开始想起我应当使用安眠药让病人睡觉。人们都知道睡眠，对梦也很熟悉。在保证手术可以没有疼痛地进行之后，外科手术之门渐渐打开了。

但是，有两个领域的外科被彻底拒绝了很多年，这是很自然的事情。如果我们建议在躯干和颅骨上进行手术，"绝不！"他们会说，"我们宁愿冒着死亡的危险，也不愿意让你给他的大脑做手术。"

他们告诉我，中国历史上最有名的外科大夫——三国时期的华佗，因为胆敢建议用环锯对曹操的头颅进行手术，而丢了性命。华佗在公元220年的建议就是一千七百年后美国医生的建议。但是，无论怎样伟大的权威也比不过长沙一位担心自己丈夫或女儿性命的母亲。如果建议病人颅内的压力过高，需要做手术，这将是一件不一般的大事，因为远离熟悉的文化传统，所以总是遭到否决。

　　所有这些传统之下都有着深厚的宗教根基。街上的普通人关心的是让自己和家庭按照他理解的方式生活。而他有关疾病和健康的观念则深受道教和佛教教义的影响。

　　有一次，我用特殊的方式学会了这些。有一位体面的病人，长沙绅士的领袖之一，送给我一对卷轴作为礼物，用厚厚的丝绸装裱好。卷轴上对称的题字使人觉得"外国医生"也具有了古代魅力。一幅卷轴上写着"方壶胜境"，另外一幅写着"菩提树"。

　　方壶，即方形的壶（因为它的形状像茶壶），是圣地的三个仙岛之一。在古老传说里，那里住着"不食五谷，吸气饮露的仙女们。那里的植物不可思议，那里的花儿甜香美味。如果吃了这些仙岛上的水果，将会长生不老"。对于医生来讲，把他比拟为在道教仙岛上学到长生不老之术的神仙，这是莫大的荣耀。全中国许多的诊疗所和药铺仍然将"方壶胜境"作为不朽名声的标志。

　　菩提树，即智慧之树，把我和佛教联系在一起。连带着，还有佛教的治愈能力。每个人都知道佛祖坐在菩提树下多年终于得道成佛。一位医学老师在这样的智慧丛林里漫步，有可能获益良多。

　　然而，比道教和佛教更古老的是祖先崇拜，毫无疑问，这是中国人保持传统最有力的方式。古代中国人热切盼望祖先的灵魂应该理解后人在健康和疾病上的需要和困难，如同其他的事情一样。为了获得这些有力量的灵魂的忠告，他们在易燃的纸张上给祖先写信，然后烧掉。冒的烟将信息带到他们希望送达的天上。与灵魂联系的愿望是书面文字发展的有力动机。

　　中国人相信，无论人的宗教信仰来源是什么，生命都是整个宇宙中的一部分。要获得灵魂的不朽，必须与所有生命和谐发展。他终将发现，要想获得健康，不仅要通过物理、化学和生物的过程，还要用宇宙的力量来调整灵魂和肉体。

古人将金子、翡翠和珍珠赋予生命的属性，因为他们认为这些东西与上天有某些神秘的关系。智者使用它们，既为益寿延年，也为预防死后腐烂。长沙附近一个周代的坟墓，出土了华丽的、精工雕琢的圆形玉器。这些玉器被放在死者的口中，或用来堵住人体其他孔洞。公元4世纪的葛洪[1]惊叹道："金子、翡翠、珍珠，天地之精，服之将与天地一样长寿。"

---

[1]   葛洪（284—364），东晋道教学者，著名炼丹家，医药学家。

19 "他赶走了瘟疫！"

故圣人不
治已病
治未病

颜医生来的正是时候。但即使有他的帮助，我们也不能完全抓住机会。1908年，光绪皇帝和慈禧太后在一周内相继去世。此后一个月，医院的墙上都装饰着白色挽联，那时我们朦胧感觉到了满清王朝正在崩溃。1910年4月的暴乱中，我们更加生动地认识到了这点。

1911年年初，严重的政治革命即将到来成为一种共识。当我们拜年时，轿夫告诉我们，旧历年最后几周的死刑比过去二十年都多。每次衙门的官员请我出诊时，轿夫就会打听到一些新的有关镇压叛乱的严厉措施的消息告诉我。甚至医院的苦力都告诉我，要不了多久就会爆发革命了。当然，革命筹划者是在孙中山博士的领导下工作。每个地方都有人在他的领导下集结起来，尽管他们知道清廷派有间谍随处监视他们。

在医院，我们有极好的机会去了解年轻的中国是如何应对危机的。一场严重的瘟疫在长沙的一所官办学校爆发，校长是我们的好朋友，他竭力主张家长把孩子送到我们这里治疗。我开始给学生做检查时，他们很少流露出不满。他们的老师很愤怒，因为地方官员没有成立卫生局。他们的学校叫光华中学，使用的是现代课本，但是他们的政府对于公民的健康毫无作为。通过阅读，他们了解到，在美国每个学生都会种痘，每年接受一次健康检查。老师们说，清朝政府将会因为社会缺乏进步而受到批评并被推翻。他们引用一位古人的话："防民之口，甚于防川。"

　　来自有名的周南女子中学的学生们，留着短发，也出现在诊所。这在旧礼教时代闻所未闻，她们常常三三两两的，在没有人护送的情况下前来。旧中国的贵族小姐认为女孩子在没有年长妇女陪同下上街是最不体面的，但是如此看来，这些女学生的父母显然无力阻止这样的行为。"我们知道这是所好医院，我们知道来的路，为什么不来呢？此外，不久在北京我们就会有个新政府了。"

　　在湖南教育联合会的主礼堂举行的排满聚会是所有反抗中最生动的例子。这座建筑本身就是新时代的标志，因为它建立在旧的省试考场地址上，那里是很多世纪以来读书人参加科举考试的地方。此处仍然保存了一处小卧室，作为展示古老传统的博物馆。

　　随后，我们去参加了在湖南教育联合会举行的聚会，看到了可以进行运动竞技的开阔场地，一切似乎焕然一新。我们预见到湖南将不再是雅礼学校刚刚成立时的那个湖南了。那时，当一位学生被问道："你做些什么运动？"他回答："我用筷子吃饭。"

　　曾经有段时间，一群朋友包括许多士绅，询问他们是否可以在我们的候诊室举行私密会议。"我们会在你早晨诊断结束后再来，"他们说。一天下午，当我经过房门时，听到一个人正在说话，他的声音不同寻常地高亢，"是的，我们都知道满族皇帝们是艺术和文学的资助者。欧洲人知道他们是因为他们雇用了杰出的西方科学家修改年历，使中国人熟知新的知识。"

"是的，是的。"另外一位发言者非常激动地打断他，"但是他们从来没有采取措施提高人民的健康水平。其他国家在所有的大城市都设有卫生部门。我们长沙有吗？"

对公共卫生兴趣的觉醒是对多年来为战胜肆虐中国的瘟疫而专心实验室研究的医学人士的犒赏。我记得非常清晰，当我们的助手——年轻的曹先生在显微镜下有新发现时，我们的实验室里是多么的兴奋。他学会了一眼认出在所有诊所病例中找到的普通卵，如钩虫和蛔虫卵。当然，所有的切片都要进行检测。但他判断不出疟疾寄生虫，这使他很苦恼："这个卵，"他坚持道，"在尺寸和外形上与其他的都不一样。"

这的确是个不同寻常的切片。病人来自下游四十英里外的湘阴，我们现在知道那里有某种神秘的疾病。来自那里的许多病例都有腹部肿胀、发烧和其他寄生性传染病的症状。在曹先生准备的切片上出现了几种奇怪的卵。第二天，来自湘阴的另外一位病例也显示含有相同的卵。两个病例中都显示出白细胞数的不同，高于正常病人六至七倍的嗜曙红细胞。显然，那里出现了某种严重的寄生虫传染病。

后来我们又听到其他的病例。亨顿在芜湖，罗根在洞庭湖边的米城常德，发现了同样的病例。很快，我们就清楚地知道这种奇怪的传染病蔓延到了整个长江流域的村庄。有的称之为"九江热"，有的称之为"宜昌热"。《中华医学杂志》开始印发观测病例的报告。1910年夏，一位美国年轻人在北边一百英里外的岳州被发现身染重病。他是被报告的第一个美国病例。

同时，《英国热带医学杂志》显示了卵的图片，将寄生虫称之为"日本血吸虫"。显然，这种在1905年前我们都未曾听说的疾病分布广泛。我们查找了迄今为止每份医学刊物上有关疾病报告的讨论，寻找新的有关实验程序的建议。很明显，我们正处于前沿。

我们也被伤寒症、霍乱和其他肠道疾病所包围，它们通过作为肥料的人的粪便四处传播。当时，还有其他更常见的疾病：肺结核、天花、麻疹等。

我们确定肺结核在中国出现时间不长，因为人们一旦得病，就几乎没有抵抗力。预备学校的学生、年轻的教师以及许多的专业工人们，很容易得"急性肺病"。一些我们认为最有希望的年轻朋友得病不久就去世了。当然，那时"个人卫生"和"公共卫生"都是不为人知的词汇。家里和街道上，到处是随地吐痰的人。我们犹豫着是否接受邀请，到那些我们确知被传染的朋友家做客。即使主人提供了奢华的酒宴，我们怎么能用筷子在公共碗里夹菜呢？

我们开始花更多的时间开办种痘所，在学校举办有关"手指、食物、苍蝇"的讲座。官方很感激这些被他们称之为"新科学"的做法。母亲带着长满了天花痂并正发烧的孩子来到诊所是很常见的。我们常常设法给接触门诊病人的每个人种牛痘，但很多人感到害怕。我想知道我们那种方法阻止了多少天花瘟疫的发生。

有一次，在妇产科病房夜巡的时候，一位已经到了预产期的妇女说："我正在发烧，先生，我的前额有许多奇怪的小红块。我刚在镜子里看到了。"她的天花已经发作了！预防接种对她来说已经没用了，但是楼里的每个人必须马上隔离。孩子安全出生了，我们的病人因为严格隔离，痊愈后没有留下疤痕。

我们遇到的白喉也常常是恶性的，还有麻风病、斑疹伤寒症、疟疾和所有种类的肺炎。不知道什么时候我们才能把这些非凡的临床经历教授给学生。

1911年[①]冬天，满洲地区爆发了大规模肺炎，死亡率百分之百。数千人失去了生命。在英国接受过预防医学规范训练的伍连德医生自愿与时疫作斗争。美国军医理查德·斯忠医生（Dr. Richard Strong）与他合作，奉天医学院的杰克森医生（Dr. Jackson）也自愿加入。经过短短几周的勇敢工作，杰克森医生自己也感染上了这种致命的病。在中国东南部，另外一位知名的教会医生也死于肺炎。对疾病的恐惧随处可见，我们能否使之远离中国的中心地区呢？

春天的时候，相邻的湖北省给我们发来紧急求助，要求借用颜医生。黑死病正沿北京南下的铁路蔓延，如果要阻止就必须采取积极的措施。

我们很高兴让颜医生去援助。现在肯定是时候开始强调公共卫生和社区医学的重要性了。颜医生与那些了解人们想法的城市名流商议后，提到了来自汉口的邀请，并指出应该打开公共卫生运动之门。他们坚决支持他去，并提醒他牢记传统中国的信仰：

上医医未病，中医医欲病，下医医已病。

1911年初夏，颜医生去了汉口。那时没有长沙到汉口的火车，但汉口与北京之间的铁路是大动脉，不停运行着。一到汉口，他就认识

① 应为1910年。

到他要做的是不要让瘟疫进入中国中部，这非常重要。他要将之清除出贯穿中国南北的大动脉。他立即劝说官员和市民支持他的行动计划。铁路开展了卫生服务；参与的每个人都接种了哈夫金疫苗，以获得免疫能力；在每个可能的地方都使用防鼠装置；以一百只为单位奖励抓获老鼠者。如果单只付款，可能引诱人们去养老鼠。

公众也用很多方法进行辅助。从北京到汉口所有主要车站，北方地区大车道沿途，黄河以南手推车和苦力经过的道路，都设立了观察员。这是一场伟大的战争，完全由一位中国人组织和实施，他无畏、谦恭，被所有人所接受。他满载荣誉回到长沙。他成为华中地区第一场公共卫生战役的领导者。

颜医生回到工作岗位后不久，革命的风暴就席卷了湖南。10月10日，中国爆发革命。除了北京周围，中国的其他省份都陷入了叛乱中。在湖南，我们帮助红十字会开展工作。几个月后，我们接到去几十里外大萍乡矿工中开展防治钩虫病运动的命令。颜医生和一位年轻的医学工作者前往，研究了矿工中钩虫病的发病率后，发现疾病可以控制。我们被授予进行彻底调查的权利，在两年内开展一项根除这种疾病的运动，这为我们机构的成员赢得了既是预防者又是治疗者的声望。

革命喜剧性的一面是来自新共和军的命令："剪掉辫子！"看着那些来自乡下农民的反应很有趣，他们挑着装有米或蔬菜的重担，或推着重重的手推车来到城门，士兵们奔出来，抓住他们的辫子，用刀砍下或用大大的剪刀剪掉。对于很多人来讲，剪掉辫子就像失去四肢一样，因为他们从孩童时代就开始辛苦地洗发和编织。一些人跪着，磕头求士兵们暂缓。另外一些人实实在在和士兵们进行斗争，很多人尽力逃走。尽管有些农民剪掉辫子成为忠心的革命者，但是他们中的许多人还是保留了辫子，盘起来藏在无边便帽下，随时准备放下来。这好像是他们的权宜之计，以便恢复他们对清朝的忠诚。但是，一周过去了，中国中部所有城市居民和许多村民都剪除了这个满族统治的标志。

在医院，剃光头或剪掉辫子意味着减少皮肤病的发病几率，方便手术前的清理。现在，权威部门发布命令禁止妇女缠足。缠足的传统由来已久。

自孩童时代起，女性脚踝以下的骨头就被捆紧、压缩，现在，她们来到医院进行整形手术。他们中的许多人是绅士们的太太。在共和时代的前几个月中，妇女们常常告诉我们，"我们注意到那些来自你们国家教会的妇女的忠告，她们成立了天足会！我们不想再忍受缠足的耻辱。我们必须像我们的女儿那样拥有天足。"

我们日复一日在医院四处查看，看到辫子和缠足正在消失，也注意到有势力的反动力量开始行动了，我们怀疑孙博士奋斗多年的民主能否最后实现？在这块土地上是否真的有足够多的有勇气的人们能将国家从帝国残余中解放出来？在那些决定性的时刻，中国的自由主义者常常引用孔子的名言："见义不为，无勇也！"

20 "看护和守卫的专家"

一念之诚
可动天地

中央旅社显然已经不够用了，尽管没有合适的地方，我们还是决定开办筹划已久的护士学校。

由受过训练的人照顾病人在湖南完全是新的概念，以至于我们发现必须杜撰出"护士"一词。1909年，妮娜·盖妮贞小姐来到长沙，发起了护理的职业化。因为需要学习语言，护士学校一年后才开办。在1911年学校开张之际，她选择了"看护和守卫的专家"或更简单的"保卫专家"，作为"护士"的替换词。

在我们的广告和贴在位于西牌楼街雅礼医院墙上的大海报上，我们宣布：

新学校开张

男女皆收

新职业培训

学校将培养"看护和守卫的专家"。候选人必须完成两年的中学教育，必须成功通过学校的入学考试，父母必须同意，并缴纳学费和赔偿费押金。

入学考试包括中文和算术，定于 9 月 15 日在西牌楼街雅礼医院举行。

我们雇用了一位女学监，规定了考试日期。让我们高兴的是，共有二十位女孩和四十位男孩前来。有一两位看到考卷后退出了。他们没有想到"看护和守卫的专家"要符合如此高的标准。最后总共录取了十二名学生，包括五名女孩和七名男孩。开始时，盖妮贞小姐认为男孩比女孩更有前途。许多问题让女孩们的生活复杂化。一个女孩的确找到学监，低声说："我的婚礼怎么办？已经订在明年夏天了。家人问过算命的，很快就会确定日子了。"

我很好奇是什么把女孩们吸引到学校的，我问其中一位楚小姐，为什么决定要成为一名护士，她很娇小，只有五英尺高。她告诉我，某天她和一位朋友李小姐路过医院，看到海报。她们不知道这个新的职业是什么，进了医院后才明白。新学监刘小姐告诉她们，如果成功完成学校课程，她们将会成为像其他进入长沙高中的女孩子一样的专家，但是她们的主要职责是在医生的指导下，看护和守卫病人。

女孩们迷惑了。在中国，没有人听说过将外人带入家中帮助照顾病人。母亲们、姐姐们或雇用的女人们常常在家照顾病人。为什么外人就不能呢？而且，她们知道，中国女孩的成长有着特定的目标。一首中国古老的诗唱道：

十三能织素，十四学裁衣，十五弹箜篌，十六诵诗书，十七为君妇。

　　第二天，女孩们一起前来询问考试的结果。李小姐看到她的母亲也来了，当母亲表示不赞成的时候，李小姐并不惊讶。母亲提醒女儿，年轻女孩子应当遵守一定的规则：

　　走不摇头，言不露齿，坐不动腿，站不动裙。

　　她确信母亲永远不会同意她进入医院学习。可那将由谁来陪护这些女孩？

　　楚小姐决定无论如何也要登记。她在周南女中的成绩一直很优秀，她确信如果在入学考试中取得好成绩，母亲会理解的。如果母亲同意，父亲肯定就不会反对。

　　李小姐听从了母亲的反对意见。当听说男女同时上课时，她变得胆怯了。她还发现病房里有许多令人讨厌的工作，她母亲提醒她那是仆人该做的。

　　这个学校对于中国女孩们来讲是个惊人的创新，她们已经被隔离生活了几个世纪。她们只被允许与近亲男子交谈。母亲们常常教育自己的女儿，少女时代要为婚姻作准备，她们必须学会家中所有的礼节。母亲们认为，每个女孩都必须要用有些神秘的方式，把注意力集中在她并不认识的未婚夫身上。他是有声望的学者吗？她希望如此，但是无论如何他们之间都系着一条割不断的绳子相联系。这种束缚在她出生之前就由安排婚姻的古老仙女决定了。

　　甚至，所有的女孩都被教导在婚姻中不能放任自己的偏好，这是由宇宙的力量决定的契约，是由星星们管理的约定。长沙年长的母亲们不愿意自己的女儿逃离已经延续很多个世纪的被隔离状态，这并不奇怪。

不管怎样，这些受保护的女孩们都成为了很好的学生。在互相练习用绷带包扎后不久，她们就真的精通了。即使在伦敦或纽约的实习医生也不过如此。

渐渐地，开始还疑惑的父母很高兴自己的孩子做化学和物理实验。在中国，他们更需要更多科学，而不是更少。很多世纪以来纯粹的经典使得世世代代中国人不习惯动手做具体的工作。

在毕业典礼上，护士们看上去很有力量，白色的制服，使他们获得了高度尊重。不久，更成熟的护士会和医生一起出诊，去严重的病人家里。我们还计划劝说患者家庭让受过训练的护士待一段时间，以保证医生的指令得以实施。

对于这些女孩子们来讲，进入陌生人的家里并不容易，尤其是在那些官员的家里，她们常常被当作佣人使唤。她们遭受了很多回绝，甚至还有粗鲁的求爱，但是她们坚守了自己的岗位。

我记得这样的事情发生在长官儿子身上。在那个时候，我完全不信任长官。从他自北方来此上任以来，就以残暴、腐败出名。衙门的人匆匆前来叫诊。我在门口遇到佩戴来复枪和刺刀的岗哨的询问。他们怀疑我的名片，甚至怀疑医院的官方名片。

"他想见谁？"他们问我的轿夫。

"外国医生是被太太叫来的。让他赶快进去吧，因为医生今天还有很多求诊的病人！"轿夫说。

"哪位太太叫的？"他们大声问轿夫，"瘦的还是胖的？"

因为以前见过，我刚巧记得，"胖太太，"我隔着轿子前帘说。他们派了个人从门房到里面的房间送信，并求证我的话。然后命令我进去。

　　我在"胖太太"房间里看到非常混乱的场面！她心烦意乱地在房间里来回走动，用刺耳、尖锐的声音命令保姆："给他盖多点。你为什么把窗户打开呢？你不知道这会让他着凉吗？把他抱起来。把他放在摇篮里，他哭的时候就摇。"她的指令越来越混乱。

　　突然，胖太太看见了我。她马上恢复了社交礼节，吩咐我坐在窗子边的客椅上，叫上茶水。

　　"不必如此客气，太太，"我谨慎地说道，"请告诉我孩子病了多久。"

　　"哦，他是我第一个儿子，我很担心他！他五年前出生，此后我再也没有怀孕。我不知道长官如何说我。自从这个孩子出生后，瘦太太已经有了两个孩子，五个月后她又要做母亲了。对我而言，幸运的是她的孩子都是女孩。我只有一个儿子。当长官心情好的时候会说，'你送了我一块宝！'"

　　"是的，太太，"我插嘴道，"但是请告诉我这病是什么时候开始的。"

　　"四天前开始的。孩子抱怨头痛，眼睛深陷。很快，他发烧了。你能感觉到，并看到他发起烧来。他的脸变红了，今天早晨，我们看见他的额头上有这些小丘疹。请告诉我，外国医生，你认为他会好吗？他必须好起来！一定！"

　　母亲往后站，给我让出床边的位置。可怜的小孩躺在那里，穿着一件明红色的缎子外套，里面是棉夹克。有病人的房间里永远不能用白色。病人不停晃动，几乎处于精神错乱中。高烧，确定无疑。皮疹显示是天花。

　　我冷静坦白地告诉胖太太孩子得了什么病。现在不必用推托的语言。当知道病人是孩子的时候，外国医生会特别小心。我能看到这位母亲非常担心我把孩子带到医院去。

"不，"我解释道，"如果我们知道是传染病，就不会允许患者进入医院。你的儿子病得非常厉害。他得的是天花。在发病期间没有办法治，但是我们会尽力让他舒服一些。"

我们找了一件薄薄的红色衣服盖在孩子的胸口，给窗子上挂起红色的帘子。我没有坚持用白色窗帘，这一点对母亲有所安慰。我给了她其他的医嘱，开了简单的药物。

"太太，我力劝你马上做两件事，"我建议道，"一件就是你和所有的家人立即种痘。我身边带有疫苗。另外一件事就是让我派来一名年轻的女护士。她接受过照顾病人和执行医生命令的专业训练。

护士的先驱

如果李小姐能待在这里三四天，她会照顾你的儿子。她是照顾生病儿童的专家。"

所有的事情都需要得到长官的允许。母亲带信给常长官，不久他就回来了。我提出自己的建议，"首先，先生，你必须种痘，并让你的全体下属也得到保护。务必让房间里所有的成年人和孩子们都立即接种疫苗。如果因为缺乏防护而导致天花在长沙流行，将是长官名声上的污点。"

"让我看看自己能做什么，"他回答道，"我可以命令所有下属，他们肯定听从我的命令。但是我如何能让两位太太和所有其他女仆听从呢？你必须帮助我，外国医生。"

那天下午，我们未能完成所有人员的种痘，却用光了携带的上百支疫苗。我们隔离了病人，劝说长官在房间门口安排了武装门卫。我们安排了李桂晨护士负责照顾，也就是那位停下来阅读西牌楼街海报的李小姐。她是湖南护士职业最早的班级中最优秀的毕业生。

21 潮宗街

一日之师
终身为父

　　随着雅礼护士学校的开办和医院工作的增加，我们发展得是如此迅速，以至于中央旅社已经容纳不下了。我们迫切需要一所新的建筑。

　　第一次在美国度假时，我把这个情况告诉了耶鲁大学的同学爱德华·哈克斯（Edward S. Harkness）。在他的避暑别墅，我们详尽讨论了整个长沙医疗计划。在视察他的模范养牛场里的纯种牛时，我不禁想到，要多久长沙的病人才能拥有可靠的牛奶供应。整个中国的孩子都非常需要牛奶。

　　他知道医学工作已经在长沙很好地扎根了。"我认识到，"他说，"在中国，你多么需要一个新的合适的医院。你估算过需要多少钱吗？"我告诉他，我们已经询问过一位来自汉口的工程师，知道了大致的费用数目，并拟了最初的草图。

　　"把这些带到纽约去，给建筑师甘博·罗杰斯（Gamble Rogers）看看。和他彻彻底底讨论整件事情。他会向我报告的。"

　　从那时开始，就像变魔法一样，我们的设想变成了一张张蓝图。

我做梦都没想到会如此完美。该计划提供了四百张病床，病房位于城南外不远的地方，就像巨大的手臂召唤病人们来到这里。通过小北门把病人带出来也很容易。

当建筑师问到可用的建筑材料和劳动力价格时，我并没有被难倒，因为我从中国带来了可能用到的建筑材料：湖南的各种木材、砖、石头、石灰、沙子和水泥。

"这些材料实在太重要了，"他说道，"它们使我毫不犹豫地建议将医院建成防火建筑。"

防火建筑！一所加固的混凝土建筑！我不晓得，他是否知道在湖南还没有这样的建筑。很快，我发现，他们计划派遣一名具有完全资质的工程师，参与修改计划和监理各种建筑。

我的下一份惊喜来自对捐赠人的访问。我发现他不仅计划建设医院，而且准备让这个医院配备完善。在我们最后一次会面中，他平静且真诚地说："我要坚持三个条件。我首要关注的不仅是医学实践，医院应当成为医学教育的中心。医院应当成为长沙人民认同的中心，由他们自己管理和支持。我不会跟进维护现在这个项目。"

没有比这更明智的了。我告诉他，1904年我离开印度前往中国的决定性因素就是能在长沙开办一所医学院的确定性前景。

我立即给颜医生写信，催促他就此事与谭都督和地方士绅加强交流，此时他们已经成为我们强有力的朋友。我写道，"我们能否在一开始就使之成为一项合作的事业"。

颜医生刚刚给谭都督治愈了一场严重的疾病，谭都督对这个计划非常热心。当我回到长沙，颜医生已经组织地方士绅成立了湖南育群学会。很快，他们从北京得到许可，将扮演当地中间人的角色，把每年省里的补助金转发给医学院。

1913年夏天，长沙的雅礼协会和新成立的湖南育群学会各自选出十名成员，成立了联合协会。在为新组织起名时，我们的老朋友聂（其煜）先生提议说，"名字非常重要。这是湖南人民和雅礼协会之间的合作。我们省的简称是'湘'，雅礼协会的第一个音节是'雅'。不如将联合体的名字定为'湘雅医学教育协会'。听到名字的每个人都会认识到它的含义是湖南—耶鲁。"

名字表达了我们的希望。"湘"是该省主要河流的名字，那是一条非常美丽的天然河道。我们的中国朋友常常喜欢名字中含有山、河、湖等。此后，医院、医学院、护士学校就冠名为"湘雅"。

最终，1914年春天，我和颜医生在北京待了一段时间后，赢得了内阁成员对我们的支持，湘雅协议获得了批准。协议的条款包括，在联合管理委员会中，雅礼协会提供医院并为医学院提供教员，湖南社团提供医学院的建筑和一年五万美元的运营费用。十年之后，双方将重新讨论协议，如果满意的话就继续执行。

既然我的计划如此顺利，那么不用等到新建筑完成，就可以开始医学院的工作。我们在上海、广东、北京和汉口的地方报纸上刊登了招生广告。1914年秋季开学之前，入学考试在这些城市举行。参加考试的候选人数目令人吃惊。9月，共有二十人开始上课。我们在潮宗街租借的民房里起步。这里既是医院的病房也是教学实验室，位于一位年长老议员的宽敞居处的一隅。他的院落靠近雷神祠的围栏，有个可爱的后花园。月牙门和格子窗户朝小池开着，到处堆着石头。珍稀树木和一丛丛牡丹和沙茶花让这里看起来像仙境，高高的围墙与外面的世界隔离开来。

如果走到前院，看到我们简陋的化学和解剖学实验室，就会产生有很奇怪的对比。我们常常担心保守的老议员会在某间自修室的壁柜里发现一副骨骼。晚上，我们会把壁柜锁上，担心老官员夜里四处巡游时以为他的房子里发生了什么。

第一批学生克服了很大困难，劝说他们的父母同意他们学习看起来好像是亵渎圣物的人体标本。尊重死者的身体是他们祖先传下来的训令之一。我担心对祖先的敬畏在家庭观念之中刻上了深深的烙印，不能被打破。

学生们的背景各不相同。例如，一位姓汤（飞凡）的学生来自长沙以东几英里处的醴陵。男孩子的好奇心常常促使他去参观萍乡煤矿，看人们从巨大的井洞中运出煤来。一天，他看见井里有两位来参观的人，他向他们鞠躬，大胆地问那些漂亮的木制盒子里装的是什么。他们告诉他那是显微镜。矿工们下班后，他们将检测矿工的钩虫病。他感到惊奇，问是否能够观看他们的工作。"来吧，帮助我们。"他们建议道。

他们向他演示如何支起显微镜，如何在样本中寻找钩虫卵。他无需帮助，自己从一个滑片上发现虫卵的时候，非常兴奋。那天以后，他决定成为一名医生，不仅仅治疗疾病，而且要研究它的原因。他向一位年长的中国绅士，也就是颜医生，如何才能学习科学医学。得知湘雅医学专门学校将于几个月后在长沙开学时，他向颜医生保证，将在那天前来登记，成为第一批学生。

　　姓张的学生的故事很特别。十二岁时，他和父亲在山坡的一个墓地里看到地方官命令将一个女人的尸体挖出来。那女人死于几年前的生产。婴儿小小的骨骼仍在母亲骨骼中。父亲向他解释发生了什么。这一幕给他留下了不可磨灭的印象，他决定长大以后成为医生，制止这样的悲剧发生。五年后，他听说湘雅医学专门学校开学了，就步行三天从浏阳来到长沙，加入预科班。

　　姓李的学生来自韶山。他已经有了长远计划。"很少有医学能够真正治愈疾病，"他说，"我想成为一名研究工作者。我常常看到，即使是老师，在严重病例前也感到无助。我将成为一名研究人员。"

　　他们三位是在老议员住宅开始工作的学生的典型代表。即使是在这个住宅里，我们仍被城墙内随处可见的压抑感觉所限制。学生和老师们都热切希望搬进新的建筑，常常询问什么时候才能准备就绪。老师们希望能拥有新的实验室，能够在里面解剖尸体。作为先驱者，他们决定与传统割裂，热切希望进步。他们常常引用中国谚语：逆水行舟，不进则退。

　　但是，解剖学老师不能等。一天，他将班级所有人召集在一间远离街道的房间。两位仆人抬着一口大大的箱子来到教室，放在地上，老师小心上好门闩。同学们围着，他好像魔术师一样将要打开箱子，表演一些神秘故事。班里的同学以前都没有见过人的尸体。他们帮助老师将尸体放在长桌上，大家都处于极度兴奋之中，老师说道："同学们，湖南的人体解剖从今天开始了！"

　　箱子是从上海航运过来的，海关说明写着"实验物品"。这年晚些时候，第二个相同内容的箱子从上海经由汽轮运来。然而，第二年长沙发生了政治事件，不能再从上海运输这些东西了。

这并不是医院里的第一次解剖研究。在西牌楼街时，预备学校的看门人明白尸体解剖实验的必要。一天，他给了我一个建议，"胡美医生，你常常说我们应好好解剖尸体，发现引起死亡的疾病。如果你想检查我在襁褓中死去的儿子的尸体，我将非常感谢。如果我们知道更多有关他的疾病的信息，也许能拯救其他孩子。"

我惊讶于他的勇气，想知道他如何安排才能不引起麻烦。他把妻子带到母亲家居住，然后回到医院，将儿子的尸体带到后面的一间小屋。

尽管我们没有了解到孩子活着时候的情况，但发现他的肝脏已经被寄生虫严重侵蚀。那天，我们关于热带病的知识大大丰富了。

22 家庭控制着治疗

是兒女
连心扯胆的

医院的影响已遍及整个城市，我们越来越经常地被长沙城里的名门望族、有势力的官员家庭请去出诊。位于浏阳门街上的聂家大宅就是其中之一。我常常到华丽的住宅中进行社交访问，欣赏满是鲜花的院子，雅致的布满庄严黑檀木家具的会客厅，墙上的图画用丝质卷轴装起来，用的是宋代的风格，但是，这天我去见的是这家的主人——聂长官本人。

聂长官刚从两个沿海省份最高长官的位子上退下来。由于身体不好，他一直在家里静养。他的第四个儿子在上海跟私人教师学习英语，我跟他最熟。他常常和我谈论起他父亲的眩晕、流鼻血的症状，因此我对此次紧急求诊并非毫无准备。

来接我的是地方长官的官轿。摇晃着穿过摆放着华丽屏风的大门，在主客厅里，七兄弟正站立着等我。他们用传统的鞠躬仪式向我表示欢迎，我熟悉的老三和老四还和我握了手。老三扮演了发言人的角色，用中文向我介绍情况，以便其他人都能听懂。"我们的父亲突然发病。前天，他在花园里散步时绊倒了，立即失去了知觉。到目前为止，他仍没有知觉，情况每况愈下。湖南最有名的两位医生——王医生和雷医生已经看过了。他们都赞同预备下葬的观点。老四和我劝服其他五位兄弟请你来看看。你可能知道，他们很相信中医。我们两个认为也应当请西医来看看。你能同我们一起进入里间给他检查吗？"

其他六兄弟陪着，我跟着老三，来到病人的房间。两位坐在床边的佣人扶着病人。这是惯例，他们相信病人越是仰卧在床上，情况越糟。所有试图让肉体和灵魂保持一体的事都做了。让病人完全平躺将会使灵肉分离。

在步入黑暗房间的那一刻，我的诊断就一目了然：打鼾的缓慢呼吸，深度昏迷。毫无疑问，颅内有血块。

我在病人旁边坐下来，长时间仔细检查脉搏，首先是左腕，然后是右腕。舌头、瞳孔、四肢、肌肉力量的损失，所有其他的症状都注意到了。我观察到七兄弟都对我的认真印象深刻，特别是我仔细观察舌苔和脉搏的时候。他们还很高兴看到我使用温度计。我将自己的发现记载在病历卡上时，听到他们的评论。工作完成后，发言人问我是否可出示诊断。

"你父亲得了中风。"

七兄弟异口同声地说道："是的！"

显然，他们是陪审委员会，我只是被安排在台上的证人。这是我接触到的第一个完全由中国家庭控制诊断和决定治疗方案的生动案例。

"你有什么建议呢?"发言人继续问道。

"你知道这种状况无疑是因为大脑中的动脉破裂。我们应该尽力降低他的血压。"

这引起了一阵骚动。"谁曾听说过医生要降低一位重病人的脉搏力量?"一位保守的兄弟挑战道,"强壮的脉搏正是生命的保证。"

此时,老四插话了。他和我是好朋友,彼此非常信任。他说:"胡美医生是专业权威!"

我非常感激,既因为他的支持,更因为一个事实,那就是:奥斯勒教授的《医学实践》一书的中译本我一直随身携带,放在医药箱里。我翻到相关的页面,把书递给他们。威廉姆·奥斯勒从来没有比七兄弟更专心的读者,两位准备接受一位西方医生的权威断言,另外五个则心存怀疑,几乎称得上是轻蔑。

他们读到我的提议:把头放低,身体保持温暖,进行高位灌肠。

"你不开药吗?"发言人问道。他希望我,他提名的人,不要辜负他家人对我的信任。他希望我做某些真正激动人心的事。

我开了泻剂处方,并仔细向他们描述。他们都知道水银是泻药,这是他们阅读中医著作时知道的。但是,最后的决定不由他们作出,他们的母亲才是最后的仲裁者。老四带着这个处方到女眷的房间。不久,他回来了,很高兴已经说服母亲支持我开出的药方和整个治疗过程。我作出更多的指示,并保证尽快派一位医院勤务人员过来。我鞠躬之后,退至前门。在前院,我再次转身鞠躬告别,七兄弟也鞠躬相送。他们中至少有两位特别感谢我的访问。

老四亲自将我送上轿子，说希望常常拜访我，不仅因为业务关系，而且作为朋友。"你千万不要因为这里的保守而泄气。我希望我们的母亲常常请你过来，以便更好地执行你的指示。我担心父亲不能挺过这次打击，但是我们知道你做了所能做的。"

聂长官三天后去世了，但是我和聂家的友谊并未中止。我收到了参加葬礼的邀请，作为回应，我送去了传统的白卷轴，写下歌颂死去官员的话语。这是吊唁的正常方式。

兄弟们都穿着粗糙的麻制丧服，辫子上也编有粗糙的麻线，这种装扮要保持整整三年，而且三年中不能宴请宾客。母亲、七个儿子和女儿们都要安静地待在家里。

在中国，死亡的来临和其他所有的事情一样，都是上天安排的循环的一部分，白天之后是黑夜，新月接着是满月，夏天之后是冬天，生命之后是死亡。哀悼不仅仅是一场表演，有献祭、哭泣、孝服和节制的生活，这真的是体现生命统一性的仪式。长久以来，人们刻意遵循传统仪式，以光影的更替轮回，纪念往生的美好与尊严。

*　　　　*　　　　*

省里的财政总管梁先生病倒了，他的儿子亲自陪同我给他看病。当他第一次进入医院接待室时，我还没有意识到这将是一次特殊的经历。他直接对我说："我父亲病了很长时间。一周前，病情恶化了，因此，我母亲现在想请你前去。两个月前我曾努力劝说家人让我请你出诊，但是你知道老派湖南人多么保守。直到今天，他们还是认为王医生对我父亲的病情足够了解。"

我知道，王医生是长沙最有名的中医。"他主治你父亲的病多久了？"我问道。

"主治是什么意思呀？"

我再次意识到，不是由医生来作最后的决定。

多少次，我坐着轿子从几进几出的官宅里出来时，会遇到抬着有名中医的轿子进去，也就是下一个看病的专家。我设想，在那种情况下，应该遵从这样的程序，即：我前去看一下病人，问些必要的问题，进行检查和建议，然后离开。但是，这次不同的是，在富丽堂皇的门口，我和王医生的轿子同时进入庭院。我们被一起请进接待室，仆人们请我们并排坐在华丽的雕花黑檀木长椅上。芳香的茉莉花茶同时给我们端上来了。不久，病人的两个大一点的儿子进来，分别向我们深

王医生，我的医学顾问

深鞠躬，然后坐在接待室的另一侧。

"家父病重，"年长的兄弟说道，"我们劝说母亲将你们都请来。这样，我们可以从两种医学体系的代表中获益。我们希望你们一起检查病人，说出你们的观点。就我们所知，在长沙将两位如此有名的医生同时请来出诊还是第一次。我们相信，在未来，中医和西医系统应当充分探索。依靠这些方法，我们可以更好地理解疾病的原因，以便使病人得到更广范围的治疗。"

我不知道王医生和我谁更惊奇，但是我们都接受了这前所未有的提议，一起走进病人房间。病人不省人事，也被两位佣人支撑着。我感激这些兄弟们在求诊时表现出来的教养，他们都在现代大学中接受过教育。我确信自己作为新来者，正被考验着。家庭成员近距离观察着我，想知道我的诊断与王医生的诊断是否接近。

部分因为我是年轻人，但主要是为了有更多的时间观察病人和学习王医生的程序，我鞠躬示意，请王先生先给病人检查。观察他的诊断是一次非凡的经历。他坐在病床左侧的椅子上，面对病人，凝视了很久，仔细观察病人的头部，脸部和脖子有肿块，脖子上有明显的静脉振动。

到此时为止，王医生没有将手放在病人身上。他俯下身，细听各种可能听到的声音：不规则的呼吸，低沉的呻吟声。

此后，他问道，病人病多久了？这是第一次发病还是老病复发？他受过湿还是受过凉？发病前有没有家庭矛盾？又问了几个问题，然后站起身，满脸严肃走到床边。仆人们把一堆书，约有三英尺高，放在他手边；他把病人的左手腕轻轻地放在书上，长时间仔细聆听脉搏的声音。接着，将右手腕放在书上，同样仔细聆听脉搏的声音。他还认真观察病人的舌苔；掰开紧闭的眼睑，细看了病人的眼睛。

轮到我了。王医生请我检查病人。我按照西医检查昏迷病人的方式，感觉脉搏，检查瞳孔、舌头、反射情况，使用听诊器和温度计。我甚至把病人的袖子挽起，测量血压，高得可怕。接着，我在客椅上坐下。

就像我礼让王医生先检查一样，作为长者，我请他先出示诊断。

对于导致昏迷的多种可能性，他进行了一次学识渊博的长篇演讲。"最终，"他评论道："你看到我仔细检查了左手腕和右手腕各三个脉搏点位。我们从西晋王叔和的教义中学会有关脉搏的技巧。他教导说，任何疾病的特性最终都能通过对两个脉搏彻底的检查发现。外国医生，如果你亲自感觉一下左边脉搏，你会发现三个脉搏中最重要的，最靠近肘关节的那个，几乎消失了；第一个也是最不重要，最靠近手指的脉搏，几乎感受不到。这些观察，连同长期经验和对伟大医学圣人经典的关注，让我确信病人得了严重的肾病，还有相当严重的心脏病。我请求你再检查一遍，说说你是否同意我的诊断。"

病人整个身体肿胀，我用手指深深压进组织里，就会留下重重的凹痕。我的检查已经让我做出独立的诊断，但出于对老医生的尊重，我再次把了脉，然后平静回答道，我倾向于同意他的结论。我补充说，我将保留自己的判断，直到精确的实验室工作完成。稍后，化验结果肯定了他的诊断。

王医生深得中医的真传，但是他从来没有见过尸体解剖，也没有在实验室里做过化学实验或显微镜观察。但他的诊断是以十分确定的方式给出。我几乎听见他说，"除了肾病还能是什么呢？"

梁氏兄弟的表情足以显示出他们对王医生的信任。发现外国医生也同意王医生的诊断后，他们毫无疑问地打消了疑虑。

一起出去的时候，我对王医生说，"请你务必要尽早参观我们医院，看看病房和实验室。我相信你会有兴趣看到显微镜下显示的肾病。"

"谢谢你友好的提议。那肯定非常有趣。我怕自己不能完全理解。我们有关疾病的概念与你们西方非常不同。"

当我再次发出请他参观的邀请时，我补充道，"我们的年轻学生在做这些精确的实验"。王医生评论道，"希望我们不要让学生们忘记伟大医生扁鹊和张仲景，以及脉搏权威王叔和的名字和教义"。

我领会到他的暗示，于是邀请他每学期来我们学校开展一些讲授传统中医经典著作的讲座。他保证一定前来，我们会成为好朋友。在回去的路上，我回想着此次访问，很感激遇到一位古代医学的代表，并同他一起给病人诊断。两天后，财政总管梁先生死于昏迷，所有迹象都肯定了王医生有关肾病的诊断。

几年来，在长沙，我与越来越多的家庭结下了友谊。一个备受宠爱的孩子康复了，他的家人会给医院送来堂皇的黑漆匾额，高高挂在走廊的墙上，参观者可以看到。这些匾额有一尺高，常常用金粉漆过，称颂医生的医术或外科手术水平。

这些匾额常常由一队人放着鞭炮，送到医院来。一天，我们在大门口遇到一支队伍抬着长长的像桌面的东西，上面覆盖着华丽的刺绣品。这是来自楚老先生的礼物，他是湘雅委员会的成员之一，他很感谢我们高超的的外科技术，并将之与中国历史上高明的外科医生相提并论。匾额上写着："华佗再世。"

另外一个游行队伍送来陈上校的匾额，他的儿子得了让人绝望的肺炎，康复之后他十分感激。匾额上写着："妙手回春。"

还有一个是警察专员的礼物，他是我们最坚定的支持者之一。他送的匾额上写着："起死回生。"

23　韦尔奇博士奠基

有朋自遠
方來不亦
樂乎

　　搬到潮宗街不久，我们在北门外美丽的土地上建成了新的医院。长沙城在距离湘江半英里的地方，铺设了一条宽阔的道路，经过校门到达城市东部。那里的铁路也即将开通，足足有一百尺宽。马路对面，一所学院正在热火朝天地建设着。我们希望道路两边的建筑物都能在1916年秋天投入使用。

　　穿过河流，朝南一点的地方就是岳麓山，春天的时候漫山遍野的杜鹃花是一年中最美丽的景色。我们的中国朋友们，长沙绅士中的领袖前来参加动工仪式。我们在河边眺望远处的山时，他们说："你会被上天眷顾的，这里的风水很好。"

　　那天下午发生了一件有趣的事。在湘雅委员会的中国成员中，没有人比楚医生更兴奋，他精通中国传统医学知识，还很早就开始探索寻找新知识。在中法战争（1883-1885）中，他是军医，使用老式针灸和石膏等方法。条约签订之后，他尝试着去接触法国军医，获得尽可能多的现代医学知识。在中国董事中，他最热心。事实上，他主要关注的是购买医院和医学院需要的全部医学器材。

这天下午，楚医生沿着边线走到我身边，悄声说道，"你为什么没有把边界石向四周多移动二十多尺呢？付款后，在去衙门盖章之前，我给你留了几个星期的时间，你很容易就可以把地界扩大一些。测量有意留下了一点不确定性，这是很正常的。"

黄老潘是主要的承包人和建筑负责人，他曾经修复了我儿子的矫牙器，能修理用金线做的任何东西，也能修造大学宿舍。大家一致同意，他应该在成本之外另加一定费用的基础上完成这项工作。我们为防火建筑提供钢铁和水泥。他去雇用工人。所有的细节档案保留在办公室里。

一天，我们听到工人宿舍中传来好似宗教仪式的声音。直到此时，我们才认识到还有一位额外的合伙人——鲁班，就是木匠的守护神。在中国开始新的建筑之时，必须举行祭拜仪式。为了保证工作时鲁班能保佑他们，他们在工棚外焚烧纸钱，点燃薰香和鞭炮。

在罗盘和水准仪投入使用几天后，地面很快就平整了，美国工程师和黄老潘标记出第一个奠基沟渠的线条。承包人承诺明天就开始挖掘沟渠。到处都堆放着大堆的碎石头。

但是，日复一日，接下来仍没有动静。工地上没有看到工人。我们完全忘记了在中国惊扰土地是多么危险的事情，被打扰的灵魂可能轻易危害任何建筑物。因此，我们请来黄老潘。

"不是说两天前开挖主要沟渠吗？工人在罢工吗？"

"不，先生，没有罢工。"他的脸沉下来，说，"但是，他们拒绝举镐开工，要等到占卜者老马算一卦，选个吉利的日子。他们将在一两天内开工。"

"但是，我们认为你是个基督徒。就为了这么一个人人信奉的古旧信仰，你就让手下人停工？"

"好的，先生，你看，尽管我是教会成员，但是工人很少是教徒。他们从来不会在没有问过神的情况下就开工。我们不能使用威胁的手段。先生，别忘了许多工人有点担心为外国人盖房子。例如，他们不会认为为外国医院工作，就必须失去对中医的信任。我也不认为他们会开始相信西医。如果我们不干涉他们的习俗和偏见，他们会忠诚地与我们一起工作。"

两天后，几百个工人出现在那里，开始挖掘。西方建筑师可能认为发动机和推土机是基本的，但是在中国人力非常充裕，无论是基础工作还是公路建设，每个工人都有自己需要的工具，一个鹤嘴锄和锄头，两个把挖出的泥土运走的小篮子。

一天早晨，当我们去检查新的建筑物时，看到了奇怪的景象。在

湘雅医院

计划建筑医院的地方，看到一片好像开着花的小树林，越过现在已有一尺高的墙。我们再次求助于黄老潘，询问原因。

"我们知道你不会介意，先生。在中国这是老习惯。大规模的挖掘已经打扰了土地神，因此工人们把小松树枝绑到脚手架顶上，希望被冒犯的土地神认为他们瞧不起的是树林，经过时不会伤害我们。"

我们认为最好还是不要干涉这些事情。几天后，我们发现另外一个杆子立在两个井之间，顶部系着一个篮式筛子，中间挂着面镜子。一个工人解释道，好运能通过镜子帮助他们。这个镜子将所有不利的影响转为好运。

在几个月的建设中，我们常常听见道士在工人宿舍中念经。也许他们正在吟唱圣歌。我们想知道，当我们在深井中挖掘并安装了电泵时，鲁班会保佑吗？

临近1915年秋天，我们已经开始准备下一次典礼了。暑假，我给我的老师——约翰·霍普金斯大学的威廉姆·韦尔奇（William H. Welch）教授写信，热情邀请他十月来长沙。我告诉他，我们将举行一个庆祝典礼，希望由他来埋下奠基石。他知道这是荣誉，回信道，"亲爱的胡美，我一生中还不曾埋下奠基石，但是我非常愿意尝试。"

参观团的人，包括韦尔奇博士、西蒙·福克斯勒[①]和其他人于10月17日到达长沙，那两天里非常忙碌。他们将大部分时间花在位于潮宗街的医院，视察每个公共的或单独的病房、手术室和图书馆。但是，韦尔奇博士兴趣的焦点是实验室。我们请求他检查并描述一个极度肿

---

① 西蒙·福克斯勒（Dr. Simon Flexner, 1863—1946）：美国实验病理学家，曾任洛克菲勒医学研究所的首任负责人。

大的脾，那是我们的一位外科医生刚刚摘除的。那天下午，每个人都不会忘记他作为一名科学家在研究标本时的热情。他走出门口时说："离开长沙之前，我将仔细考虑，告诉你我的结论是什么。"

10月18日早晨，我们过河游览岳麓山。那是我们最喜欢的山，以"三教合一"闻名。我们向他们介绍山脚的儒教庙宇，那是从前为前来参加省试的学者参观而设计的。佛教徒的寺庙在半山腰；道观在顶部，在门口就可以看到湘江华丽的景色。人们能看到约三十英里外的河谷。

进入寺庙，值得尊敬的住持出来欢迎韦尔奇博士和他的同事，他深深鞠躬，问韦尔奇先生："你多大了，尊敬的先生？"

医生满头白发但并不显老，他没有一丝迟疑，迅速回答，"一百五十六岁。"另外一些美国客人们笑了，没有显示出惊奇，但是道士不习惯这样的客人，一再鞠躬，请我向韦尔奇博士转达他的深深谢意，说他的道观因为他的到来而备感荣耀。

"尊敬的先生，"他说，"我想在你家的走廊上挂上一个油漆的匾额，上面写着，'漂洋过海的客人，我尊崇你为医学鼻祖。'"

10月18日下午，泥铲和灰泥准备好了，我们铺设了奠基石——刻着医院的中英文名字和日期的华丽大理石。在铺设奠基石之前，韦尔奇博士作了重要致辞。他提道，1854年第一个中国留学生容闳在耶鲁大学取得了学士学位；他自己在1870年取得了同样的学位。他说，像这样的场合，标志着这是伟大时刻之一。即科学和人性通过宗教精神，越过海洋彼此相会。在这样一个机构，不能有种族或信条界限的妨碍。他告诉听众，医院捐赠人需要符合三个条件，并补充说，当他回到美国，他会告诉捐赠人，长沙的情况非常乐观，这些条件已经没有问题了。

那天晚上，我们把参观团送上前往汉口的汽轮。我们站在码头，向甲板上的客人挥手告别，韦尔奇教授俯下身子越过栏杆，大声叫道，"嗨，胡美，我一直在思考那个脾。我肯定那是慢性被动充血病例！"这是一位病理学家真实的告别词！

现在，医学实践和教育的基石已经被埋下了，这正是我在中国生活的目标。

24 城墙之外

温故而知新

可以为师矣

　　新医院建成的同时，也是我们一家人离开居住多年的奇怪小屋的时候。每个小小院落都那么熟悉，还有我们后墙上的洞，那是伟大的和平之门，因为它，我们得以在长沙抢米风潮那一夜安全逃离。防火墙把邻居和城市大道上的噪音和混乱阻挡在外。现在我们将迁居到北门外。

　　伟大的城墙就像保护我们的臂膀。许多年前，在我们第一次乘汽轮到达长沙的难忘日子里，城墙曾使我们感到恐惧，而现在竟成了我们的朋友和保护人。十几年间，我们通过巨大的城门进进出出，开始是旅行或社会交往，但更多是出诊。许多都是急诊，或患有疟疾，或患伤寒症。还有很多是居住在河中间的绿洲上的即将临产的妇女。

　　那个夏末的下午，当乘坐的轿子通过北门时，我们想知道怎样才能有勇气睡在没有保护的城墙外。尤其是晚上，我们好像邻近人类和灵魂世界相汇之处。

死的另一层含义是阴间，鬼神在那里有着像人间一样的存在，有着和人间一样的需要。在中国，每个地方的人们好像都意识到与灵魂关系的密切。离开身体的灵魂肯定在附近盘旋。因此，给徘徊的灵魂提供需要就成为必须要做的事。

我们看到家庭成员携带各种象征物品前往墓地，这些将在燃烧中送达灵魂的世界。我们知道的最奇怪的墓地之一位于新医院的南面，由古代土墩组成，一层一层地叠加，就好像在古代手稿的旧迹上书写新的记录。人们告诉我们，墓地的最底层可以追溯到整整三千年前。

轻烟不断从新的坟墓上冒出。我们常常看到哀悼者的队伍前往墓地。走在前面的是撒纸钱的人们。这是"买路钱"，他们希望用来买通恶毒的小鬼，让他们不要骚扰离开的灵魂。

后面跟着的哀悼者抬着纸糊的东西，常常包括展翅的鹤，寓意长寿。他们普遍相信，焚烧纸鹤会让离开的灵魂骑上它回到人间。

那些纸糊的房子，在细节上和真的房子很像。人力车或轿子放在门口，里面有桌子、椅子、橱柜和炉子，所有这一切都设计得漂漂亮亮。我们看到在纸房子的每个角落，都散落着哀悼者的纸钱。在阴间，如果没有银钱，可能就没办法满足需要。当所有的东西都化作轻烟，我们可以看到哀悼者脸上露出满意的表情。这样做肯定会让他们更加接近另外一个世界的灵魂。他们从不认为自己和阴间之间有巨大的隔阂。

我们即将生活的这片地方，没有一点空地。到处不是稻田就是菜地或墓地。在校园里，何氏家族有一块小小的墓地，每个坟墓都有雕刻的墓碑。我们谈论了购买的计划，希望将那些古老坟墓移到另外一个地点，但是家族一直没有同意。为什么他们要为了给一所外国学校提供地方而去打扰祖先的灵魂呢？然而，一直通往学校教堂的低矮墓地，从来没有打扰过学生。他们继续自己的游戏，不在意灵魂的存在。

关于医院的土地，我们遇到了更大的麻烦。有几次法院因为侵犯家族的墓界而处罚了我们。医院花了不少钱，与那些被我们无意间冒犯的祖先的后代达成和解。

如果晚上有人请我出诊，入城现在就是个问题了。无论何时，我都要一边从紧闭的两道大门之间的缝隙窥视，一边连续敲打一边叫道，"开门！"

最后，看门人睡意浓浓的声音会微弱地回答道，"明天来。晚上关闭大门。"

"不，"我叫道，"不，我有长官的通行证，我可以进城出诊。"

"哦，你有通行证，是吗？让我看看！把通行证从门缝递过来。不，等等，站在那里，把你手中灯笼的光线照在脸上，让我看看你是不是外国医生。"

然后是漫长的等待，卫兵们透过门缝细细审查着我。他们认识到我说的是实情，通行证送到司令官的办公室后，仍然需要很长的等待。最后，终于得到允许，闩门的大木梁被拿下来了。有时候，把木梁从托架一头挪开需要三个强壮的人的努力，以便门能够让一个人出入。如果我坐在轿子里，门必须开得更大些，这就会引起更多的喧闹。

城外的生活没有让我们远离古老的中国，反而意识到了所有生命的延续性。每个人都知道，看得见的存在只是无穷无尽的赛跑中的一个阶段，是暂时的。

也许因为是在乡村，我们有一种新的感觉，似乎某种新事物正在形成。我们不再受制于旧传统。眺望窗外，我们能看见新生活的萌芽。在我们眼前，就是学校的运动场，男孩们正在撑竿跳、跳跃、奔跑。每周，运动场都有从城里或武汉来的其他学校的运动队。学校运动队不时同来自美国炮艇的一支队伍比赛，当时该炮艇正在长沙做冬季旅行。欢迎领导们的滑稽动作可能让老一辈绅士感到震惊。古代学者所有沉静的行为已经消失了。城墙外，出现了一个新的中国。

女学生也是全新的面貌，不再缠足，到处跑来跑去。附近学校的女孩们都来到我们的运动场，参加排球以及其他比赛。她们留着短发，穿着运动服。这些女孩是新中国的先驱。如果敌人入侵她们热爱的家乡，她们就会遵循湖南女英雄的传统。

其中有个女学生叫唐蔚林（音译）。许多年后我们知道，战争来临时，她穿上军装，假扮成男人，忍受着一般陆军的所有辛苦。她加入了步兵团，直接参与到抗击日本的战斗中。她经常面对死亡，尤其是在参加了防守靠近长江的山里要塞的敢死队之后。在那里，她拼命战斗了很长时间，直到两处枪伤让她离开战斗。农民将她抬到数里之外的战地医院。此时，人们才发现她是个女孩。当她乞求重返战斗部队时，被拒绝了。她被告知，湖南的女英雄需要留在后方为国家建设工作。

每年春天，城墙外不只是杜鹃和连翘绽放，"花儿在迎接春天"。医学院的学生和到我们这里来的其他人组织成队，在星期六的下午或周日外出志愿担任老师。他们听过晏阳初的讲课。他来长沙开始平民教育运动的试验，在学校、银行、商店和会馆召集人们，训练他们将识字运动推广到更多人中间。他在长沙的第一个试验取得了显著的成功，以致全国性的平民教育运动开始了，像野火一样遍及整个中国。

来到租借的会堂，看那些实习教师们，四周围着人力车夫、农民、学徒或其他文盲，教师们使用图表或印好的纸张教他们认字，这是非常有趣的事情。对他们来讲，这是真正的春天，他们生活在有限的范围内，被旧的传统所约束，没有机会学习阅读和写作。

老吴奶奶是中国无数祖母的代表。直到她的孩子出生，她从来没有去过医院，但是现在无论是关节响还是脉搏声音太大，她都会来就诊。她在病房学会了阅读，这些护士是她的老师。她获得了新生，对生活有了热情，这个有十二位孙子的老人回到自己的村子，不仅身体痊愈了，而且产生了破除古老保守传统的思想。她要她的女儿到现代医院生孩子。她的孙女没有缠足，也没有思想的约束，自由地参加学校的各种游戏。她是新中国的一部分。

但是，每年有一个时间点，即中国农历新年，新的中国会被大家遗忘。人们回到了延续很多个世纪的习惯中。在新年的早晨进城出诊是一种独特的经历。苦力们尽管想去拉人力车或抬轿子，但是这一天没法收取报酬。这是因为他们认为在节日里不应继续工作。到了中午，人们拿着点着的灯笼四处走动。轿夫告诉我，"年前一定要收齐所有的欠债"。因此，这些人提着灯笼，假装四处寻找着什么，其实只是因为没到午夜。

西方国家所有节日的意义都加在一起，也不能与中国人的春节相提并论。即使最穷的人，也要用宴请取代节俭。已经分家的家庭聚集起来。每个人都沉溺于娱乐之中。当上天开始为养活国家的作物准备土壤时，当人们结清账目、安顿好自己及灵魂世界时，同时也在庆祝着重生，庆祝着所有生命的重生。

在这个季节里，每个家族都有一个信使向灵魂世界报告。灶王既是炉边神又是天上的间谍。每家厨房炉子后面的壁龛就是它的神祠。这个小小的被烟熏黑的凹进去的地方，贴着一张华丽图片，甚至聚集在那里的蟑螂都被认为是"灶王之马"。在指定的时间，他的画像被点燃，释放其灵魂到另外一个世界旅行。

在灶神离开不久，人们就开始制作甜食祭品，包括糯米做的糖果。这些贡品是希望灶神只向上天报告好事。不要说二哥得了重感冒几乎死亡的事，也不要传播祖母在10月中风的闲言碎语。当为灶王点燃几百响鞭炮之后，厨房的紧张气氛松弛下来。

猫一走老鼠就闹翻了天。

年复一年，我们看到过年气氛笼罩了医院。病房完全空了。甚至重症患者也能突然获得新的力量，支撑他们回家。新年里的外科手术？不！对于外科助手和护士来说，有一个礼拜的休息时间。他们也和家人团聚，穿着喜庆的衣服四处拜访朋友。

晚上经过城门回来的时候，我们常常看到产房的灯光刺破黑夜。

这就是新的中国，即便紧急情况来临，科学医学也不会按下暂停键，即使新年也是如此。妇女们开始参加产前讲习班。她们发现，在即将临盆时，有比打开橱柜门和盒子盖更好的方法。她们还来到城外居住。

25 灵魂的世界

人無神不行

无论在旧城中还是在城墙外，我们周围的任何地方都能感觉到灵魂的世界，以及它们与活着的人的关系是多么亲密。这些图景仍然留在我脑海中。

母亲的故事

一天傍晚，临近天黑的时候，我们在长沙城墙上笔直的道路散步后，匆匆赶往潮宗门。他们常常在日落时关闭门闩，我们要赶在这之前通过。突然，我们听到一位妇女的哭声，"哦，我的孩子，阿宝，回来吧。孩子，回家吧！"

女人家的屋顶是用泥巴做成的单坡顶，位于城墙内的一条小路上。当黄昏来临的时候，她来到小街上，在房子的四周来来回回，完全没有意识到人们注视着她。"回来，我的孩子，回家！房子打扫干净了，你的衣服准备好了，床也备好了。"白天转为黄昏，黄昏变成黑夜，她大声地一次次号啕。这是痛苦的哭泣，乞求生病孩子的灵魂回家。

　　惊惶的母亲爬上一个梯子，来到房子旁边的一个小小壁架，开始挥舞一根一头挂着孩子衣服的竹竿。她一次次喊道，"阿宝，回家！"后来，家里另外一个人出现在小街上，敲打着锣鼓，好像要吸引走失的灵魂的注意。人群聚集起来看热闹，母亲继续号啕，"阿宝，回来吧！你的衣服已经准备好了！回家吧！"

　　刘老师告诉我们，当孩子失去知觉时，母亲会尝试使他恢复知觉。如果没能恢复，她就来到房子外面，呼唤孩子走失的灵魂回来。她在空中一次次挥舞着孩子的衣服，希望孩子的灵魂认出自己的衣服，并赶紧穿上，回归正途。母亲坚信孩子的神——更高的灵魂，已经离开了身体，而她就是连接孩子灵魂和肉体的媒介。

　　刘老师告诉我们，"每当一位母亲带着失去知觉的孩子来到医院，你可以肯定，此前她已经尽力召唤灵魂回来了。她来看外国医生，仅仅因为发现自己的努力无效"。

晚　祷

　　当黑夜来临，年轻的学徒从幽深的商店里走出来。他架起一块又一块的木板，关闭了商店。在把门关上之前，他又走出来，虔诚地举着三根点燃的香，面朝黑暗的街道，重复着几个世纪以来的祈祷仪式，庄重地分别朝左、朝前、朝右磕了三次头。这样，天、地、人都被召唤来作证，证明他们寻求了对看不见的世界的保护。三根香插在一个挂在入口边上的小篮子里。然后，年轻的学徒进屋，以关闭大门作为仪式的结束。除了来回售卖食物的商贩的叮当铃声，现在没有什么可以打扰里面的居住者了。顾客要买东西也可以通过门下方的小窗口进行。邪恶的灵魂现在都被吓走了。晚上，房间里的人就会平平安安。

钟声和祈祷

一天，当我沿着长沙城内窄窄的街道行走时，一阵轻轻的清脆铃声伴随着嗡嗡的咒语，引起了我的注意。同伴告诉我，我们经过的房子里，法师们正在为家里一位病者的康复而祈祷。他说，在这个富有的家庭，从早到晚肯定都有法师们轮班祈祷。我问他，法师们是佛教的还是道教的。

"都有，"他说道，"你知道他们不一样，对吗？"和尚们穿着深黄色的长袍，剃着光头。如果仔细观察，就会看到每个和尚的头皮上烙有六个圆点，一边三个。这是他接受永久从事僧侣生涯的标志，受戒期间就已经烙上。道士们穿着深蓝色的袍子，头上绑着一个束发带，再戴一个正式的帽子。他们不剃光头。他们中的许多人都住在河对岸岳麓山上的道观里。

我问他是否是医生太过无用，他回答道，"当疾病来临的时候，每个家庭的第一本能反应就是做些什么，而不是闲坐着。有时过了很久，才将医生请来。每个人都相信驱走疾病的方法是使用可靠的古老草药，通过祈祷驱走邪恶的灵魂。你听到的清脆的铃声，不过是人们寻找看不见的神灵来帮助自己的标志。这些铃声意味着唤醒慈悲的神灵，得到它们的帮助。"

"所有的和尚们能做的就只有敲钟和念咒语吗？"

"不，他们常常在方形纸上画符，写很大的字或画一些奇形怪状的神话中的动物，挂在病人房间的门和墙上。有时他们吩咐杀一只鸡挂在门上。你知道，人们认为公鸡能够驱逐黑暗，也一样可以赶走疾病。"

寺 庙

接近看不见的神灵最可靠的地方是寺庙，无论是不起眼的街角小庙，还是庄严的拱形大庙，比如靠近城墙东南角的城隍庙。那里的僧人被认为是可信赖的治疗者。

一天，我们站着观望时，一位生病男孩的忧心的母亲在祭坛前扔下一对铜钱，点燃一只小蜡烛和一炷香，放在大铜盆里。一位僧人走过来，问她需要什么帮助。之后，他站在她身边，摇摇一个漆过的圆筒，里面装满标有数字的竹签，拾起掉下的第一只签。"给你，签号是97。等着，我看看是否有你要的答案。"

他询问过葫芦签桶，答案是消极的。当他再次摇动圆筒，102号签掉出来。葫芦签桶再次给出消极的答案。但是，第三次试验，葫芦签桶确认了数字。"现在我们知道这是你求签的结果，"他向她担保说，"拿着这个处方，到南门城墙角的大药店抓药。马上把药给孩子吃下。菩萨保证会带给你你想要的。"

担心的母亲带着一丝被点燃的希望，匆忙跑了出去。城隍庙不是长沙最有名的寺庙吗？

一天，我看到一位没有孩子的女人在祈祷。她已经结婚多年，但是祈求孩子的祷告从来没有实现过。现在，她向送子观音发誓。她承诺了所有的事情：如果是个儿子，他会当和尚；如果是个女儿，她会当尼姑；只要能有个孩子，她自己宁可一辈子受穷。倾听的僧人履行完仪式后，给了她一张写着预言的纸片，"如果你徒步前往南岳进香，就会得到孩子。"

第二位没有孩子的女人前来许愿，僧人说，"如果你捐献一百元修缮村子里的关帝庙，就会有个孩子"。所有的女人都热切希望能实现由全能和尚转达的观音指令，她们赶忙回家告诉丈夫。

有时，为有病的母亲祈祷的健康女孩会得到和尚的指令，"割肝救母"。刚来长沙时，我们两次听说了这个故事，一位深爱母亲的勇敢女儿为了衰弱的母亲，毫不迟疑地用一把大刀切开自己的腹部，割掉自己的一小块肝，煮在肉汤中。"老天说了，我必须听从他们的命令，侍候我的母亲，即使以我的生命为代价！"

一天，我在一座山顶的寺庙俯瞰湘江，看见一位祈祷者站在中央圣坛的前面。他个子高高的，穿着一件式样简单的灰袍，沉浸在冥想中。站在附近的和尚告诉我，他是城中银行界领袖之一。每周三次，他会在下班以后爬上此庙祈祷和冥想，站在那里一动不动至少半个小时。

我继续观察他的祈祷，注意到在他头部上方有许多奉献给寺庙的匾额，其中一块写着"默祷有应"。

这位祈祷者虔诚地相信这些话语。几天后，我了解到他在为垂死的父亲祈祷。

我们越来越多地思考长沙的寺庙，漂亮的外观，黑暗中透出微弱的宗教之光，在这里，僧侣们调解着人们和看不见的世界的关系。人们相信，在所有处理疾病的方式中，没有比它更有效的。

朝 圣

　　一周又一周，尤其是七八月份，长长的朝圣队伍经过长沙前往衡山，这座位于衡山山脉区域的南方圣山。长沙有一位父亲得了致命的疾病，儿子发誓要朝圣，组织了一小帮人和他一起进行神圣的旅程。湖南省西部一位妇女的儿子得了无法治愈的大头病，她听从桃源庙和尚的指令，开始了长途跋涉。有两个儿子发誓要走到南岳，希望母亲的瘤会因此消失。就像后来一起前往卢尔德（Lourdes）的人们一样，他们确信朝圣会给祈祷者带来福音。长长的队伍在某个小小旅店会合，然后结伴向南继续他们的旅程。他们虔诚的态度，单纯的目的，使得我们永远不会忘记每年那些朝圣的队伍。

　　某天，我们在诊疗所听到墙外的朝圣者在念经。他们的虔诚使得

前往南岳庙的进香者

候诊室的人们安静下来，包括老人、年轻妈妈和小孩子。我们发现自己工作时，也不由得哼着那悦耳的旋律。

攀山之歌

我来了，满怀真挚和虔诚

去参观伟大、仁慈、庄严的南岳庙

九龙山显然汇聚了诸位神灵的力量

诸位神灵在此灵山相遇

被世界赐予荣耀

墙边长凳上的一个孩子转向母亲，她向孩子解释歌声的含义，告诉他南岳的力量。她还提醒他，每条街上都可以看到泰山石，每个孩子都知道它的含义，知道泰山是中国北部伟大的山脉，是五岳中最令人敬畏的。

我听见这歌声，回忆起自己参观南岳的情景。沿着已经被磨滑的石路，爬过无数的台阶，才爬到山顶。我想起了缠足的老妪拒绝被抬着上下山，想起了朝圣者吟唱的那些感恩的歌曲。

当朝圣者经过长沙的主要街道时，我们常常怀着崇敬的心情看着他们。他们每个人都穿着朝圣者的服装。在宽松的上衣上缝着一块方形的白布，上面写着四个大字："南岳进香。"这是朝圣之旅。

他们是让人感动的一群人，常常排成一列，不慌不忙。有些人在几百里的旅程中，每隔七步或九步就停下来，在地上点上香磕头，这使他们的朝圣之旅更加困难。然后，他们又吟唱着轻快离开，重新开始坚定不移的行程。我们好像已经在很多地方观看这支队伍许久了。常常有歌唱的朝圣队伍向着既定目标虔诚前进。

南岳庙

一位接受过现代训练的医生告诉我，他五岁时得了非常严重的疾病，他的母亲前往湘潭的一座大城隍庙祈祷。他小时候住在湘潭，大概位于长沙上游三十里处。当她献上祭品之后跪拜时，和尚告诉她，她应当到南岳朝圣，祈祷孩子的康复。她立即发誓，"如果孩子康复了，我就去爬南岳，一定要到达最高峰的神庙"。

"母亲带着我的两位姐姐同行朝圣，"医生说道，"旅途中她们三个穿着朝圣者的袍子，往返七十五里前往南岳。不久，我就完全康复了"。

有些朝圣者为逝去父母的灵魂祈祷。和尚们为他们提供了印刷的祷文。一篇祷文上写着：

> 当我们想到逝去的亲爱的父亲时，我们哭泣。我们恳求您，仁慈的地藏菩萨为他用力打开门，并照亮阴间的黑暗。引领他远离痛苦之地，赐予他快乐。

一些朝圣者携带着奉献的祭品：一个挂在庙里室内屋梁下的新钟，一幅康复的胳膊或大腿的图画。所有这些都表达了信任和感激。他们常常秘密许下相似的誓言。第二年或以后，他们也许会再次长途跋涉来到圣山。湖南省以这座五岳之一的名山而自豪。没有人怀疑它们的古老力量和持久的影响力。关于中国早期的历史，每个人可能都阅读过几千年前舜的朝圣故事。当时，他举行了古老的敬拜山神的仪式，现在已经成为民族宗教遗产的一部分了。

朝圣者从南岳返回时，常常迈着轻快的步伐，好像有神秘的力量在他们身上发挥了作用。某些人拿回战利品——让魔鬼和有害灵魂远离的护身符。他们所有的祈祷都得到了回应。他们经过的山腰的每个神祠都有漆过的匾额装饰着，上面刻着：有求必应。

灵魂的世界！我们不会感觉不到它们。每个人都知道它们在那里，好的、坏的、利益的分配者、康乐的守护者，不分昼夜围绕着我们。所有人都需要调解者，为更有力的神灵说情，驱逐恶意的、危险的灵魂。母亲是调解者，呼唤孩子走失的灵魂回家。学徒点香，加强家宅对抗黑暗的灵魂。和尚收下丰厚的报酬，手持叮当作响的铃铛和铙钹，念念有词诵读经文，祈祷着病人从疾病的灵魂中解脱出来。寺庙和朝圣是与神灵交流的途径。万般无奈之下，这是与神灵世界沟通的最后方式。

26 好伙伴

行要好伴
往要好邻

在前往其他几个省的医务旅程中，我常常坐着轿子，经过偏僻难走的乡间道路，或者坐小船，风一停就得荡桨或撑篙，这些旅程让我更加了解普通人。

强盗头子

鲁是强盗团伙的头头。在义和团期间，他救过一位美国医生。乡下的地方官员是医生的朋友，让他在衙门躲几天。最后，在一起吃早饭时，地方官员告诉医生，他将不理睬皇太后下达的将他治下的所有西方人处死的命令。他计划护送他的朋友离开，到安全的地方。强盗头子鲁被召唤到官员面前时，他一直发抖地磕头，以为会听到自己因一周前的抢劫行动而被处死的命令。

官员让鲁带着美国医生穿越边界，到达另外一个省份，那里比较平静，他会安全的。每个人都认识鲁。这位官员说，他要让这个强盗对医生的安全负责。

他们穿越了一个又一个村庄，那些面色阴沉的农民们好像已经准备好要威胁客人的生命。然而，在每个地方，强盗头子的话都驱散了人群。

在江西省的一次旅途中，我在位于两条河流上游源头的一个偏僻的小旅店进餐。我肯定自己认出了旁边的人。"你是几年前帮助生命受到威胁的美国医生从常陵逃跑的人吗？你去年是不是和腿上中弹的姓黄的强盗一起来过我们医院？"

"先生，你真的认出我了。我不当强盗了。每个人都知道我现在是诚实的市民。"

"我很了解你，"我告诉他。我们单独坐在旅店的角落，我问了他几个有关强盗行业的问题。"强盗有行为准则吗？"我问道。

"哦，是的。你读过古代哲学家庄子讲过的关于强盗的行为准则的故事吗？"

在庄子所说的趣事中，一个没有行为准则的强盗很难获得任何成就。"他凭直觉判断东西藏在什么地方——那是他的伟大之处；他必须第一个得到它——那是他的勇气；他必须是最后一个逃跑——那是他的责任；他必须知道麻烦能否解决——那是他的智慧；他必须公平分配——那是他的仁慈。"（原文：夫妄意室中之藏，圣也；入先，勇也；出后，义也；知可否，知也；分均，仁也）

我的同伴指出，缺乏这五项美德的人，不会成为伟大的强盗。

老　大

"你一直在船上生活吗？"在另外一次乘坐小小帆船逆流而上的旅

途中，我问一位船老大。

"是的，"他回答道。他出生在与这艘船非常相似的船上。母亲临产时，他父亲将船拴在他熟悉的村子的岸边，请了一位老接生婆来到船上接生。老大是第一个孩子，因此大家非常喜悦。村民们甚至为父亲准备了宴席，祝贺道："现在你有了个儿子，长大也将成为船老大。"这就像一句古老的谚语所说："水总是从屋檐滴到同一个洞里。"

这位特殊的船老大对于医生的职业感觉很亲近。他常常带着来自长沙旧学堂的名医，沿着弯弯曲曲的浏阳河而上，去看望古老农庄的地主。他带着医生的处方到附近村庄的药店，将需要的药抓齐。不止一次，他的孩子出生时，他和妻子在村庄停下来，请村里的婆婆接生。

我请船老大告诉我，湖南东部的人们如何处理伤口，以及他所知道的处理疾病的方法。他说，在浏阳地区，人们大量使用草药。医生常常开出可怕的黑色药膏，但这对减轻病痛非常有效。据船老大所言，他们甚至能除去病根。

我知道很多有关浏阳地区黑色药膏的事情。每个医生都有自己的药方，每个商店都认可自家的特殊设计，圆的、方的或菱形的。我见过数百种药膏，也知道人们都相信它们的疗效。

船老大告诉我，有时他也会安全护送从地方官悬赏下逃脱法律制裁的人。我问把他们藏在什么地方。他抬起甲板上的一块木板，给我看浅浅的，堆满稻草、卷心菜和草药的货舱。他说："在这下面，任何人能都安全藏着。运送的货物在货舱的底部，你住的地方是乘客的小屋。"

由于风经常转向，在经过浅滩的时候，我们不得不用力撑杆。晚上，我们停在一个小村庄，购买第二天做饭需要的的鸡蛋和米，船老大停下来，点燃几只香，驱除夜晚邪恶的灵魂，然后发出低沉的长长的呻吟声，听起来几乎像风的回声。他这样做很多年了，好像已经找准了他所需要的音调和音质。不到一小时，风开始变得温和，吹动着我们的船只。

划行时，船老大说他很高兴带我去安源，问我们医院是否确实有用药治愈煤矿矿工"胃病"的计划。

我告诉船老大有关钩虫病的知识，如何识别，如何治疗。这位河道上的领航者，尽管他的船很小，经验有限，但他有很强的理解能力。

旅馆主人

下午晚些时候，我们到达了益阳郊区。轿夫说我们在天黑之前无法到达下一个镇子。轿夫头子在顺风旅店前放下我，他说这是此处最好的旅店。船夫上岸后经常住在这里。如果进入益阳镇，我也许可以找到更大的旅店，但是他认为我待在这里会更好些。

路旁的一所房子里，房间和床已经准备好，在乡村已经算是非常干净了。在美国没有如此简陋的旅店：只有床架和木板，一张木方桌，一把椅子。在墙角，有一个小小的木架子，上面放着一个发亮的铜盆。仆人送来洗漱的热水。当然，我带有自己的被褥，旅店主人不会给客人准备的。

天黑之前，他们给我送来热饭。当然，有我想要的米饭。在桌子中间还有四个碗，里面有糖醋里脊、煎蛋、一盘豆芽卷心菜和另外一盘蔬菜，都是热的。味道符合最挑剔的游客的标准。很快，我恢复了精力。

店主走出来，坐在我身边，一边喝茶，一边聊天。

"今年稻谷丰收了吧，"我问道。湖南省以盛产大米而闻名，大米经过水路沿洞庭湖运出。

他说最近几年都丰收，因为没有旱涝灾害。之后，他问我是否来自湘雅医院。

"我患痈的时候，你给我的脖子动过手术，"他告诉我，"你开刀的疤痕还在，我常常告诉我的朋友。我叫李平辰，我兄弟叫李平武。他的胳膊上有个瘤，我们永远感谢你把他送往汉口，在靠近关帝庙附近的医院接受治疗。"

他知道我们已经从长沙城里迁往潮宗门附近，我们的医学教育计划已经开始了。我们的很多学生前往长沙的途中在此歇脚。

"你记得李谱明吗？一位来自从这往北湖区的小个子。"他问道，"他常常在这里歇脚。后来他成为医生。他曾经让我介绍病人，我们在楼下前面房间有个小诊疗室。"

老店主还提到前任黄总理，他家在湖南西部。有一次，黄先生在长沙参加我们宿舍的奠基仪式返家途中，告诉他我们成立了合作协会促进医学教育。"黄先生完全信任你的工作，"他接着说道，"今晚你介意看几位病人吗？他们会感谢你的，我肯定这将使你获得在益阳的支持者。"

当然，我同意了。在煤油灯下给大约二十位病人做了检查。其中一位是店主尚在襁褓中的儿子，仅六个月大，脸上和身上在出疹子。另外一个是使唤丫鬟，在外出砍柴时，脚底被碎片刺破，已经脓肿。

一位看望自己女儿的老太太也来了。她的脉搏非常快，需要洋地黄。

第二日，轿夫早早前来，准备继续旅程时，我才结束工作。

"先生，房费和饭费全免，"店主说道，"你已经是我们的医生和朋友了。"

县 官

一天下午，我乘坐蓝色快车（Blue Express）在宿县车站下车。那天晚上，在医生家里，我们计划着接下来的医务访问。

宿县位于长江以北，是距离长江有一定距离的小麦产区，水稻是主要的农作物。该地区可怕的诅咒是黑热病，一种严重的寄生虫疾病，如果不能及早发现将是致命的，对孩子尤其残酷。当我在医院检查完，发现一半的病人患有黑热病。

下午，我们拜访宿县县长王先生，他很热切地想知道预防医学在该地区应如何进行。"我想明天去医院拜访你，"他建议，"医院医生和我将采纳你的建议，一起为本县出谋划策。我已经了解到，中国不仅需要治疗疾病的医学，而且需要学会发现疾病的来源，并消灭它们。"

第二天上午，快到十点的时候，王县长来了。我们一起视察医院，检查每个病房、实验室、药房和护士的教室。在花园里，站着两个男孩，一个大约六岁，一个十四岁。县长问他们，"你们来自哪个村子呀？"

"来自西乡，三十里外的山里。"

"你家里有多少人呀？"

"父亲、母亲和六个孩子。我们是其中的两个孩子。"

"你们家中有几个人得这病呀?"

我能看到小男孩脸上的大沟,那是作为可怕的黑热病的创伤之一。

"我们八个人都得了,先生!"大点的孩子回答道。

"怎么只有你们俩来此接受治疗?"

男孩回答道,他家人询问过治疗费用,发现如果都来就太昂贵了。那年的稻谷收成只是一般,他们不能承担八个人治疗的费用。男孩们想来,因为他们邻村的朋友们来此都痊愈了。"因此我们抽签决定。我们中签了。"

王县长被这个坦率的故事深深打动了。他声称,应在全县有黑热病存在的村子里开展研究。"如果我们有了全县每个村庄所有人家的记录,也许能驱除这种瘟疫。"

在回上海的火车上,我想他已经可以列入为健康而斗争的人员名单。

渡船乘客

某日,湘潭县县长请我紧急出诊。三位轿夫抬着我在河的东岸朝南行走,来到渡口,我们登上过河的渡船。

在渡船上,我问身边的乘客:"贵姓?"他看起来有些震惊,对于一位中国人,这非同寻常,他答道,"敝姓李"。

我们继续谈论着天气和稻谷。挤下渡船,来到岸上,这位朋友转身向我道歉,"我真实的姓是陈,而不是李。你知道,中国字'沉'的意思是淹死，我不想在河中间的船上说出这个字。这很不吉利。"

我总是吃惊于文字在中国人情感中的力量。

南平卫生官员

在另一次水路旅行中，我沿闽江参观了福建省的医院，闽江是中国最美丽的河流之一。我们坐着蒸汽游艇，我想象着如果发生火灾的话，这艘拥挤的船上会发生些什么。我总是随身带着医疗包的，以便随时问诊。在河流转弯的时候，同事指着岸边两座漂亮的宝塔，它们从岸边一片密密丛丛的樟脑树中冒出塔尖。"记住这些宝塔，"他说，"我们到达南平了。"我们已经看见远处的城市了。

第二天，我在南平上岸，那是闽江两条支流交汇之处。我见到了县里的卫生官员，他带我前去参观城市的种痘中心。

"许多年前"，同伴告诉我，"这座城市发生了可怕的洪水。两条主要支流泛滥，整个城市的低洼部分都被淹没了。一位占卜者指点了迷津。"

中国古老的信仰是，火能克水。占卜者告诉他们，可以通过突出火的特征，使洪水退却。他建议在沿江下游一里处的两岸分别建造一座宝塔，和河流的倒"Y"形一起，组成了"火"字。宝塔建好后，大水退却了。医生向我证实，"南平此后再也没有发生过水灾。"

27 不平静的十年

古者以天下为主君为客

慈禧太后死后，她所信任的袁世凯深居简出。无论摄政王何时请他，他总是借口残疾的腿会妨碍他为朝廷有效服务而推脱。然而，当革命党人将满洲朝廷赶下台的时候，袁世凯成为反对革命阵营的领导人，并使自己当选为总统。他决定让每个省由自己的党羽控制，这些人拥有军事背景，袁可以依靠他们的残酷来执行自己的命令。他派往一省担任指挥官的人都来自其他省份。如果该省反对总统，即使最宠爱的儿子们也靠不住。

这些不平静岁月里的第一批政治受害者之一，是我们爱戴的都督谭延闿，早在我们搬入潮宗街之前他就是我们的朋友了。他对医院的兴趣要追溯到1912年，那年他患了肺炎，颜医生前去照顾他。那是他的家庭第一次接受西医的治疗，他完全被现代科学折服了，他劝说士绅们同意湖南省政府与雅礼协会签署一项开办现代医学教育协议的提议。

谭延闿很自豪，在他担任湖南省都督的两年时间里，新医院和学校建立起来了。在他的领导下，湘雅医学计划向前迈进了。例如，他发现因为缺乏足够的电气装备，我们从来没有使用过医院需要的现代X射线，实验室也没有做过其他许多科学试验。颜医生告诉他，我们的电气装备两年前就运达了，但是因为没有电，只能存放在库房里。

因此，谭都督推进了一项在北门外开办新电厂的计划，可以给医院、实验室和教工宿舍提供电力和照明。1917年2月的一个晚上，我们凝视着黑夜，整个医院突然点亮了。这就像是我们这些年来一直追求的目标的象征。

都督对我们的实验室一样感兴趣，尽管实验室的方法对他而言是全新的。第一次听说他要来视察解剖实验室时，我们感到了气馁。那里没有一具尸体。南北的军队在城门外战斗。都督周一前来参观。周日早晨，北方军队仓促撤出长沙北部的军营，负责解剖的老师和我决定亲自去获取尸体。

广西军队从南门涌进，清理敌人在城市街道上留下的残余，我请求都督派遣两队士兵陪同我们前往搜寻尸体。我和一队人马进入城镇的中心，负责解剖的老师则去了北部郊区。

周日下午六点，宿舍里爆发出一阵欢呼声。关于我们带着几具"试验物品"回来的消息四处传开了。

整个晚上，学生和负责解剖的老师一起完成了储存槽的工作。幸运的是，他们拥有保存尸体所需的石炭酸和其他所有化学药品。到周一白天，所有东西都放置好了，新的解剖室已经为可敬的资助人的视察做好了准备。

参观新实验室的时候，都督有些迟疑地走进来，屏住呼吸，好像害怕空气中传播的细菌。强烈的消毒剂气味对他来说很奇怪，但是他勇敢地经受住了这次体验。出来时，看到所有的学生聚集起来，他笑着向他们问候，说"恭喜你们！你们是整个华中地区第一批能进行尸体解剖的学生。告诉人们这些。带他们亲自来看看实验室。向他们解释解剖对于现代医生而言多么重要。"

谭延闿坚决反对复辟。袁世凯总统将他从第一任期上革职，换了一位官员，由此引发全省的反对。我们都知道，第二次下野对谭长官意味着严重的生命危险。

一天傍晚，聂先生出现在我的办公室，我一点也不惊奇。"你有空和我一起去干一件重要的事吗？"他问道。我已经计划和孩子们一起去河边散步。我们总是喜欢经过潮宗门外出，站在大堤的边上，远眺日落的霞光。我看见聂先生脸上的焦虑表情，问他想要我做什么。

"你能和孩子另选时间出去吗？现在跟我走。"

一位有教养的中国绅士从来不会如此坚持己见，除非他被某事深深困扰，因此我赶快将孩子送回家，和聂先生一起出了医院大门。

我们疾步行走，谈论起过去九个月华中地区不平静的战事。湖南省总是战场。我们的医院挤满了在前线受伤的，或者是感染了痢疾和疟疾的士兵们。

大约十五分钟后，我们来到位于城东北角的一座大宅。看门人一定知道聂先生的任务，暗中看着聂先生经过旁边的小窗户，因为门好像是突然打开的。我们被引领着穿过院子和走廊，来到一间华丽的接待室。聂先生请我进屋。我发现自己处于长沙最有名的八位绅士之中，有银行家、商人和文人。他们中多数是我们医院和医学专门学校的董事会成员，都是多年来支持我们的朋友。

我们按中国的礼节互相鞠躬，坐下来，开始喝清香的热茶。三四分钟内没人说一句话。接着，有人说了几句重要的话。

"傅良佐明天来此接管湖南。"一直被认为是长沙高级政治家的沈先生打破了沉默。

"胡美医生，直到周六晚上才有前往汉口的汽轮。"这次是曹先生说话，他是我们医学院董事会的主席。

我开始明白了。即将到来的傅的反动行径对谭和他的集团的所有成员毫无疑问意味着危险。

又是一个长长的停顿。我第三个发言，"明天黎明的时候把他送到我家来。"我知道他在我们家里会安全。此前，其他人在那里避过难。

我能感受到屋里马上有种放松的感觉。一群人开始打破沉默。沈先生再一次开口说话，"杨先生将在早晨六点到达你家。"没有人提及谭的名字。

我和聂先生鞠躬离开了。我们穿过黑暗的街道走回医院，没说一句话。我忙着将这几句话中破碎的意思拼凑起来，理解难题。一位新的都督即将来。长沙绅士们希望外国医生为他们热爱的都督提供庇护，直到他能安全登上周六的晚班汽轮。医生为他们提供需要的东西。他们为谭都督编造了假名。所有这些能否按计划进行呢？

在医院大门口，聂先生跟我友好地道了晚安，补充道，"一定要称呼他为杨先生。在到达汉口之前，他的处境非常危险。"

第二天一大早，守夜夫的敲门声吵醒了我，"楼下有位杨先生想见你。"

　　我赶紧下楼，发现这位著名的避难者穿着最普通的农民服装。他坐着简陋的乡下轿子，长长的竹竿由两位轿夫抬着。作为都督，他习惯乘坐至少四人抬的官轿，前后还有随从。我给他看楼上的房间，在那里给他安排膳食。如果他去楼下餐厅，可能有人认出他。

　　谭都督在我们家的日子值得纪念。我们谈论医学教育和政治，以及宗教和人民的生活。他告诉我很多有关他父亲的事情，他是位总督，给儿子留下了传统文化的遗产。从省级考试开始，经过各级考试，他最后参加了北京的会试。最终，这使他官居一品。

　　一天晚上，他同我谈论了几个小时他的民主理想。尽管他的父亲希望他成为高官，但是他在三十岁之前认定中国应当得到比君主制更好的东西。甚至在义和团运动和太后逃亡西安之前，他就已经精通罗素和林肯的教导了。他知道满族王朝注定灭亡，他想知道湖南的年轻人应当追随什么样的政治领导人。

　　"是什么最终让你站在年轻革命者这边的?"我问道。

　　他说，这些是从与孙中山先生的幸会开始的。在英国时，孙被仇恨和害怕他的满族人限制在中国大使馆。他在香港的医学老师之一——坎特列医生（Dr. Cantlie）通过英国政府给清廷施压，使得孙中山被释放了。与孙中山会面后，谭延闿决定跟随他的步伐，为让中国成为"人民的国家"而工作。

　　我们谈到1911年前的那些年，我在每月的文学会（即文学研究协会）上第一次遇到他。我们聚会的饭店是有名的政治家的集合处。"你们外国人不知道这是省里的激进分子的聚会。外国客人回家后，其他人留下来计划伟大的解放日。"他们欢迎我们，因为我们的出现大大减少了官方的怀疑。

他告诉我清朝迅速垮台的1911年前后几年的著名事件时，我比以前更感谢谭延闿成为我们的朋友。我劝他用他粗壮的大手为我写几幅中国对联。他花了一点时间试图教我儿子如何拿毛笔，但多半时间花在写警句以及配上卷轴，或者写私人信件。

几个可信任的朋友前来拜访，我提前告知他们在门口声称拜访杨先生，即使如此他们也很害怕。到处都是新都督的间谍，我们不想让他们发现雅礼学校是政治煽动者的聚集处。颜医生每天都和有影响的士绅会面，亲自把他们的信带到我家。校园的看门人警惕地观察着不认识的陌生人。

周六晚上，危险警告来临。大约九点钟，在黑暗的掩护下，我们护送杨先生前往河岸。我们借来英美烟草公司的汽艇，停在靠近城墙西北角的台阶。一位雅礼校园的守夜人和我们一起走，用贴有大红中国字"杨"的纸灯笼给我们照亮路，那是客人的假姓。

那天晚上，河流湍急。我们的朋友愈发紧张，因为游艇前行很慢。他说，新都督已经几次派出侦察兵追踪他。他怀疑他们可能是来自北方省份的士兵，没有湖南本地兵曾背叛谭都督。我们逆流行进了半里地后，突然爆发了一阵枪声，好像是直接朝我们开枪。

我们向船老大建议，调整航向，远离河岸，沿着一队货船的外侧航行。我们悄悄地逆流而行，但是谭都督后来告诉我，除水流声外，他能听到自己的心跳声。

最后，在河流前行两里后，我们到达了汽轮码头，迅速来到船背对码头的一边。那里的黑暗使得我们在没有被注意的情况下登上甲板，我们来到为杨先生订的头等舱。

　　我们的这位客人请求我和他一起前往汉口，但是医院的工作太紧迫，我不能离开。我派了一位短期任职的美国教师和他一起待在汉口英租界，直到他登上前往上海的英国汽轮。

　　道别之前，我和谭都督有一次私人谈话，"我的朋友，不久你就会返回。湖南省依赖于你的领导。我们都期盼你早日返回。湘雅医院的全体同事认为你是我们的创始人和支持者。"

　　再会！我们会再次相见的！

　　周一早晨，收到一份电报，说谭都督顺利到达汉口。几天后到达上海，他不再用杨先生这个化名。不久，他给我们送来一幅漂亮的卷轴，上面有他亲笔书写的感谢词。

28　卫生改革

窮人無病
抵半富

在那个动乱年代里，我们有理由希望，袁世凯总统强派到湖南担任都督的人中有一位是自由主义者，拥有科学观念，理解我们的医学状况，支持我们的卫生计划。我们发现汤芗铭都督是一位温和的、有教养的人，游历广泛，曾在法国接受海军训练，能说流利的法语，熟悉欧洲的习惯。雅礼协会邀请新都督在长沙举行就职仪式之后，出席正式午宴。我们的同事颜医生是仪式的主持人。他已经是官方医学顾问，成为衙门里最受欢迎的官方随从人员。三位湖南省政府的成员出席了，他们是财政厅厅长、民政厅厅长和教育厅厅长。一些国立学校的校长们也出席了。

先是例行的欢迎词和拍照。然后是新都督和蔼地回应，但是没有暗示袁世凯总统政纲的内容。午宴后，大家来到花园，此时，西方人士们都认为这无疑是一个良好的开端。

第二天，我们接到有关三位午宴客人的坏消息。那天下午，在衙门附近的公共广场上，省里的财政厅厅长被公开枪杀，其他两位官员，即民政厅厅长和教育厅厅长，被投入普通监狱，将在两天内被处死。

时局紧张。士绅领袖们和所有城里学校的学生们被激怒了。学校很难继续开课，但是每位校长都接到了命令，要在每个学校的大门口设置卫兵，阻止学生前往学生联合会。布告宣布："任何校长如果允许学生在校园举行政治集会，将被开除。如果他是外国人，他的大使馆会被要求将之遣送回国。"

财政厅厅长死了，我们不安地讨论怎样拯救其他两位好朋友，他们一直和我们一起工作，加强新成立的医学院董事会，保证我们得到政府津贴。

颜医生匆匆前往衙门，给都督施加一点个人压力。我乘坐一艘小船，赶紧过河去见英国领事，希望得到他的支持。每过几个小时，我们就前去中心公共广场看看。有一次，我和颜医生刚刚进入广场，就听见两声枪响。旁观者告诉我们，这样的死刑自从黎明开始就一直不断地进行着。他们刚刚枪毙了两位高官。人们认为他们是民政厅厅长和教育厅厅长。

我和颜医生非常沮丧地一起去拜访都督，才知道两位厅长仍然活着。都督正在想办法，希望可以不伤害他们的性命。在某种意义上，他也不能自行做主。尽管没有反对他们的指控，没有他们是叛徒的暗示，北京方面坚持认为只有处死这三位高官才能给湖南人教训，让他们听从总统的命令。在帝制中国，对于任何官员来讲，没有同情孙中山、谭延闿、黄兴和蔡锷的空间。在非常激烈的争论中，都督显然不愿意放弃颜医生作为他的私人医学顾问。而且，他知道如果日后必须同外国领事谈判，颜医生这样的调解者多么有价值。他最后同意将"明天黎明处死"的判决改为无期徒刑。

接下来汤都督当政的时期，气氛日益恐怖。尽管他支持我们的医学工作，按时支付省里津贴，但我们对于以雅礼的名目增加了农民的税收负担并不开心。他们被告知增税是因为"外国人的坚持"。

渐渐地，省里的士绅们认识到都督只是可恶的袁世凯的无情代理人。他们都尽力支持蔡锷将军——一位无畏的湖南领导人，正领导着反袁起义。

1916年袁世凯去世后，汤芗铭是早期政治牺牲品之一。1916年6月底，他逃命了，扮成农民从东门逃走。当他匆匆穿过稻田和菜地时，经过了他经常访问的湘雅医院大门。他也许想进来避难，但是他的亲信催他快点。

这伙人经过一天一夜的赶路，听到行军的脚步声，赶紧藏在路边的庙里。汤的随从中有一位是理发师，剃掉了他的胡子，让他伪装得更好些。第二天一早，他们计划送避难者登上经过湘阴的英国汽轮。他在混乱的乘客中没有被认出来。事实上，他安全抵达了上海。他的政治生涯结束了。

几年后，我在上海的公共汽车上，发现旁边坐着一位穿长丝袍的威严的绅士。他的头发已经灰白，戴着墨镜，好像要在好奇的凝视中把自己保护起来。某些特征让我认出了他就是汤长官。我们互相问好，我问他在干什么。

"我退休了，"他回答道，"我埋头读佛经。"

袁世凯死后，爆发了军阀混战，折磨了中国十年。强大到足以建立独立军队的袁世凯的部下们雇佣了雇佣军。他们四处流动，到处恐吓人民，抢劫、强奸、谋杀，无恶不作。

尽管时局不稳，医院的工作仍然在扩张中。尽管我们试图远离政治，但有时要避免卷入简直是不可能的。许多官员，今天还拥有权力，明天也许就成为逃亡者，他们表面上都是湘雅的朋友。

同时，我们在想，孙中山先生是否会自告奋勇，抓住机会重启民主之路。不幸的是，他仍然在逃亡，但是继续在每个到达的地方集合忠于他的力量。

孙中山在香港接受过医学教育，深深关注人民的社会福利。他认为新中国必须要有全国性卫生计划。因为人民太贫穷，无法为自己建立现代医学体系。我们发现，他的影响给诊疗所病人们带来新的态度。他们过去对医院的害怕和迟疑消失了。他们要求"卫生规则"，我们不得不印刷《如何保持健康》之类的简单指南。我们印刷的其他传单是《孙中山希望中国健康》。

另外一位卫生改革者是在长沙非常有影响力的腾太太，一位旧派的贵族。她仍然缠足，常常穿着丝质衣服，在宽敞的房子生活。但是，她一生中绝大部分时间都没有关心过普通人民的康乐。

某日，她实现自己大胆而好斗想法的机会来了。一份宣布长沙妇女社会服务联合会将要开幕的公告送到腾太太手中。尽管她在古典文学方面有很深的造诣，但这些文字对她来说不甚明白。她不得不招来自己的儿媳，从她们那里了解"社会服务"的含义。

她继续读下去，发现了长沙和西方世界现代城市之间的差异。长沙拥有三十万人口，却没有下水道。而西方城市里的卫生工程师们铺设规划好的管道。

于是，腾太太和她的两位邻居匆匆赶来我们家。医生和他的夫人会建议什么呢？当男仆送来茶和点心，腾太太拒绝了。"今天我们就不要费时间讲礼节了。我们来找你，是为了给省里官员进言，要尽快给长沙市铺设下水道系统。"

显然，这是位具有行动力的改革者。她远胜于那些保守、深思熟虑、讲礼节的老派中国人，她应该领导我们新的社会服务联合会。

在接下来的几周里，无论腾太太去哪里，无论是和教育者、教徒或是和政治家交谈，她所坚持的一件事就是长沙妇女的社会责任。她们应该带头使这个城市有新的卫生计划。

她要求我们和她一起去拜访警察专员。她大胆地问城市里有什么卫生和排水设施。他告诉她，当然城里每个区都有一个或多个私家井。井里溢出的水缓缓从砖和黏土中渗出，流进街道地下蜿蜒曲折的下水道中。她追问他，如何保持浅沟的清洁。

他没有清楚地讲解，但是提到当排水沟堵塞和溢出时，沿街店主就会控诉，最后，就会派工人前往，将沿街的巨大的铺地砖抬起。"他们用长长的竹竿弄出阻塞物，"他补充道。

我们问他，"有没有可以冲刷这些下水道的水管呢？"他漫不经心地告诉我们，在"像长沙这样的干净城市"不需要这样的设施。尽管他赞成共和国真正建立后，中央政府可能坚决要求在所有省会城市实施卫生计划。

几天后，一位来自上海的英国供水工程师参观了长沙，我们和他进行了详尽讨论。我们将腾太太的热心告诉他，并带着他在古老城市弯弯曲曲的街道上行走，这些街道好像是老伦敦一些弯弯曲曲巷子的模子。

我们沿着西长街行走，经过财政厅登上堤山，然后进入更窄的巷子。我们自己的居所对着长寿街。当我们告诉他名字的意思时，工程师笑了。"我应当认为，"他评论道，"我们刚才途经庙宇的古老的雷神，可能被诱惑着劝说他的同伴电击一些可悲的地主，那些拒绝为公共卫生花钱的家伙。"他指出，不仅是排水沟问题，还有火灾和通风等问题。如果要在古老省会城市引发卫生革命，长沙妇女社会服务联合会将会面临繁重的任务。

我们问他需要做些什么事情，湘雅医院可以和这些热心公益的女人们一起工作。

"严格意义上的工作是，长沙整个城市需要被推倒，完全重建，"他回答道，"当然，包括充足的水源供应。腾太太的目标完全合理，但是所需的时间和金钱远远超过她现在所能认识到的。"

但是，长沙妇女社会服务联合会没有等待。她们发现了更实用的卫生技术，就是能马上应用的。她们决定举办卫生展览，积极调动每个中国男人、女人和孩子的表演的本能去演卫生戏。

在每个公共广场，每个庙的院里，随时都有西洋镜和木偶戏，总有老人和年轻人围着他们。在中国每个庙宇的院里，都搭有华丽的戏台，戏台比地面高出许多，所以观众可以看得很清楚，特别是在一年的主要节日里，人们习惯观看取材于《三国演义》《红楼梦》的戏剧表演以及其他露天表演。

应我们的邀请，上海卫生教育委员会的彼得医生来到长沙，带来了设计得很好的卫生范例。在舞台上，一条活动的带子上一位竖立的人的模型稳稳地移动。在带子的一头是一个大大的中国棺材。这个表演时间安排得很精确，每当一个男人从边缘掉进棺材，演讲者就如实地说："某位肺结核患者在中国某地去世了。"

带着崭新的热情，社会服务联合会募资在公共地方设立修有水沟的肺结核疗养地，作为模范典型。不久，长沙人民捐献了足够修建现代城市疗养地的钱。政府捐献了足够的土地，位于我们医院北边不远处。

颜医生是这项事业的策划人。他劝说城里的男女领导人组织了活跃的委员会，他自己制定了市民发展规划。当疗养地开张的时候，病人挤在门口，很难申请到房间。

消息渐渐传到其他省会，反抗肺结核的斗争真正开始了。领导人有规律地从整个湖南省带来学生，学习如何传递卫生信息。男学生和女学生结伙来到乡下，他们教会人民如何把自己的家的一部分变成阳光照射的平台，除了在寒冷的天气里。肺结核的病人应当休息，才能重获健康。他们改良了有名的中国"防风罩"，以便于病人在恶劣的天气里也能得到足够的保护。

但是，很快就能看出，如果不被作为国家问题，中国几千个县的地方官和人民根本不能认识到他们的卫生需要。幸运的是，国联（League of Nations）的卫生机构提出的建议在中国受到欢迎。国家卫生部在刘瑞恒博士的领导下成立了，推行国联派出专家的建议。不久，这个计划成为国家计划，由省里集中管理卫生，与国家总部保持一致。

　　需要社区卫生的国家意识不是一夜之间产生的。当我们在长沙不断担心城市可能会被某个军阀毁灭时，距离这个目标很远。那时，中国朋友的坚定支持是我们最强大的防卫。有一次，午夜之后，我们听到格里斯在电话里说，"请把你们的床从窗边移开。这里会有枪击。"

　　几分钟后，我们听到他用洪亮的声音叫道，"听着，城墙上的士兵们。把你的枪瞄准其他方向。这是外国医生的房子。不要朝这里开枪。他们是我们的朋友"。

29 城市的救星

見義不為
無勇也

在那些混乱的岁月，我们的医学事业继续前进，很少受到干扰。很难把我们的工作连续性地告知远方的朋友们。美国报社的新闻越来越令人担忧，长沙被军队包围了，我们接到了询问的电报。

"是的，"我们很快回答，"这周校园周围的确有激烈的战斗，但是我们的医疗和研究工作进展顺利。"我们让学生待在校园里，在诊疗所为那些冒险穿过小北门来到我们这里的危重病人治疗。医院的地下室再次成为逃难者和门诊病人的中心。

当北方的军队被赶出长沙，一支南方的军队入驻，街道两边挂着旗子和条幅，欢迎新来者。相比看着他们把这座有围墙的城市变成一片废墟，还是欢迎他们更容易些。南方军队的占领持续了六周，另外一支从汉口和岳州来的北方军队入驻，宣布由他们的司令员担任城市的领导。一个冬天，来了十位不同的将军先后担任都督，其中有一两位只执政了几天。

没有一位都督带来足够的医疗顾问，因此颜医生和我经常被召到衙门。作为医生，我们发现自己逃不脱政治变化的漩涡。

　　一天，我房间里的电话响了。"这里是都督府。你是胡美医生吗? 请马上来衙门。三天前，广西军队的一个师攻破衡山西南的湖南防线，进入了长沙。我们必须使用一切方法阻止省会附近或河东岸的战斗。你可以帮助扭转这个趋势。"

　　半小时后，卫理公会教派使团 (The Methodist Mission) 的沃伦先生和我在衙门都督私人办公室接到详细指令。这个房间显而易见属于一位军队司令。挂在墙上的拼排式地图显示出每条道路，所有的等高线，每一点的地形。每隔几小时，攻击和防守军队的位置就会被记录在地图上。至少，长官的信息很充分，但是否拥有足够多的军队或足够强的军事技能击退来自广西的野心勃勃的军队，那还要拭目以待。西南军阀再次试图控制湖南省，这次不是作为流窜军阀，而是为了巩固其从海边到长江流域整个南方的一个统治步骤。

　　"今天，"都督迫切要求，"我们期待你们两位受人尊敬的外国人帮忙驱除捣乱分子，你们已经成为和我们一样的湖南市民。长沙不应出现像革命时期流血岁月里的炮击场景。我请求你们到前线去，恳求广西司令带领他的军队过江。万一发生战斗，请让它发生在远离岳麓山的乡间。你们将拯救全部湖南人民的生命。我求你们不要害怕。你们将会得到所有可能的军事保护。"

　　我们都说官话，长沙周围的市民都认识我们，但是广西军队的巡逻队不认识我们。他们以反对外国人而闻名。我们可能被枪毙。但是我们同意前往。

开始时，我们感到像加莱①的六名市民，他们脖子上缠着缰绳，跪在英王面前，恳求他饶恕他们的城市。或者更像亚伯拉罕，在索多玛城（Sodom）即将被天国的爆炸物摧毁时，他祈求耶和华赦免此城。我们可能比亚伯拉罕做得更好，因为长沙市民远远不止五十位义人。

这是一支滑稽的队伍。我的同事，魁梧的英国人骑上了一匹小小的、凶猛的、浅黄色但精力充沛的湖南小马。骑马人能做的就是控制难以驾驭的动物。我的小马是单调的褐色，颜色和它的无趣很相配，懒洋洋的性格。六位长官的私人护卫穿着便装，将手枪藏起来，跟着我们奔跑。穿军装可能更容易招致广西军队开火。他们携带着白旗，准备看见敌人军队时使用。

我们骑着马经过南门，来到南郊。路上人烟稀少，尽管平时上午的城南菜市场人山人海。继续前行，大路荒芜。尽管是大白天，却死一般的寂静。

突然一声喊叫，我们被包围了，但不是广西士兵。都督的湖南卫队的两支军队埋伏在这里，他们知道我们外出侦察，早已埋伏在这里，希望能突然包围广西军队的巡逻队。

"我们吓跑了广西人！"他们大声向我们喊道，"我们把他们赶到了河岸。他们在码头上征募了所有的船只，现在正艰难地划船渡河前往西岸。"

我们问，仅仅二百名士兵如何击退了敌人几千名精兵强将。一位军

---

① 加莱：法国北部港市。英法对抗的克雷西战役中，加莱抵抗英军的围困达一年之久后，弹尽粮绝，在1346年投降。其间有六名加莱市民自愿投降，作为英军的人质，以拯救全城人民。

官告诉我们，他的军队让农民朝南走，遇到广西先遣部队时，就散播消息说军队实力突然得到加强，即五千名全副武装的士兵正在他们后面，后面还跟着一支强大的炮兵特遣部队。农民被吓坏了，但是这给故事增加了很多可信度，甚至在他们到达埋伏圈之前广西军队就已经逃散了。当他们到达湖南军队埋伏处时，士兵不停地射击和尖叫，好像有一千人一样。两千人的广西部队就这样掉头撤退了。

　　使命结束了。我们骑着马走在湖南士兵前面，回到城里。不久后，长官在许多市民参加的公开的欢迎会上，表彰我们为"城市救星"。

　　越来越多的军官来到我们这里，住进位于北门外的现代医院。有些是真生病的，有些则是寻求庇护所。一天，我在巡房时走进我们最贵的私人病房检查病人。我看完病历卡，正要询问时，两个信使冲到床边，敬礼，将一份电报递给病人。他很快地读完，跳下床（他穿着全套将军制服躺在被子里），穿上军队雨衣，向我敬礼，离开了。在那些不平静的年月里，这样的故事频繁发生，我甚至没有注意到，他房间门口设立了两个岗哨。他必须日夜设岗保护自己。湖南军队的将军们不能不非常小心。

　　不久后，另外一位军官朋友黄团长来我这里看咳嗽。"晚上一直咳嗽很麻烦，我失眠了。"他告诉我，"我能来医院住一周吗？"

　　我给他做了彻底检查，发现问题不大。我肯定他能待在家里，每周来诊所三次给他的喉咙敷药就可以了。

　　"不"，他坚持道，"让我告诉你为什么我要来。我的妻子是真正的病人。你看过她的诊所记录，要求她住院，但是她很胆小，犹豫要不要住进来。她求我不要再强迫她做你认为必须的手术。最后，我妻子和我达成协议。我感到喉咙发痒，向她保证我会夸大自己的抱怨，让自己住进医院，在她住在医院的另一边时，我也可以住在这边的男性私人房间。如果你同意，她和我明天都会过来。"我决定让他住院了。

这些成为病人的官员的友情对我们来说是无价的。在现实中，因为我们给很多将军们提供医疗帮助，我们的高级医疗人员常常被告知口令，因此我们能进出保护人们的城门。颜医生和我不断出现在衙门、东门外的军营或城东或城南的紧急军事司令部里。没有人威胁我们，没有人攻击或伤害我们，但是我们常常必须派遣信使去长官处问询口令。我们会收到一个大大的密封的官方信封。虽然每晚的口令都只有两个音节，但这还是有必要的，这种只有我们知晓的机密，可以让冒名前来的人露出马脚。尽管口令只有两个音节，但只有第一个必须答出来。

这些旅程是对胆量的考验。狭窄的弯弯曲曲的街道是黑暗的隧道，我们的轿子将要陷入其中。悬挂在轿杆上的油纸灯笼发出的微弱灯光，只是强化了微弱灯光之外的无尽黑暗。轿夫草鞋的脚步声，一般很柔和，在黑暗中却像铙钹的叮当声，灯笼的光芒也不过是枪口可以瞄准的目标。

突然，黑夜里传来命令："口令！"

短暂的紧张时刻！我们会不会忘记口号，说出多于单个的音节？枪口不会直接瞄准我们，询问口令可能只是为了更加确信。我们现在可以慢跑到下一条街道，兴奋使呼吸变得更容易些。又是口令！命令结束。每一次的经历都保证我们越来越有信心说出口令。

30 "是的，但是……"

兵临告急

必须死歇

对于病房里的病人来说，这是恐怖的一夜，城东军营里接二连三发生大火，我被叫醒了三次。美国护士仔细巡查妇女病房，试图安抚几乎歇斯底里的病人们。大家都知道接下来会发生什么，因为撤退的军队在逃跑时常常把所有的东西摧毁，使村庄陷入混乱和毁灭。只有一个军营保存下来，正好位于校园的东边。如果南方军队没有摧毁它们，北方军队肯定会抢劫这些房子。

离医院很近的地方有一处军火库，是足以完全摧毁我们整个社区的邪恶邻居。围绕着它的壕沟是表明它可能是一座藏有几吨火药的仓库的唯一外部证据。

我们制定了一个计划。在南方军队撤退和即将到来的北方胜利者占领城市之间，有短短的间歇。这给我们提供了机会。在格里斯的帮助下，我们决定腾空军火库。

黎明时，我将这个建议用电话告知湘雅医学董事会的曹主席，他现在是这个城市的代理市长。他很赞成，说市政府其他成员赞成我们除去军火库的计划。

八点钟，我打电话给美国领事，匆忙向他描绘了我们即将面临的危险，如果军火库爆炸，肯定会严重破坏新医院。我补充说，市长同意了我们的计划。

他开始询问更多的细节，但是被我打断了。"告诉我，先生，我可以带些人进入军火库，将所有东西倒入壕沟吗？"

他说话之前有一些犹豫。

"是的，但是……"

我挂了电话，以免听到任何可能限制计划的指令。我担心领事会提醒我，医院是钢筋混凝土建筑物，军火库的爆炸只会打碎我们北边的窗户。领事常常不得不建议我们慎重行动。

我找来医院的工程师，告诉他带上工具，我们可能会拆毁军火库的门。它被严密地封锁了。如果找不到钥匙，我们就不得不使用暴力。"带上格里斯和两位帮手，"我告诉他，"下午在壕沟边和我会面。"

他和我对过手表，放心地离开了。他常常告诉我如果那里发生爆炸，对所有建筑物是多么危险。

我们到达壕沟时，军火库没有守卫。我们寻找看门人，他的小屋在树林中。不久，一个身体短小的人影出来了，看着我们这帮破坏者。

"给我军火库的钥匙，"我命令道。他和我都知道我的权威是假装的。

"哦，不，先生。我不能给你。钥匙常常保存在长官的护卫办公室，在城里的衙门。"他奉承地说话，好像害怕我们会使用暴力。

"我给你二十分钟，跑到那里，把钥匙从警卫室拿来给我。如果不能按时拿回钥匙，我们的工程师将强行打开大门。快！"

"是的，先生，我跑着去。"他转身要走，但是他身上突然发出轻轻的叮当声。我抓住他，撕开他的衣服，看到一把大大的钥匙，用粗粗的链子挂在脖子上。他无法狡辩了。当得知自己不用再为那些爆炸物负责时，他好像真的很高兴。

钥匙是窄窄的铁条，只有一英尺，末端弯曲，一边有许多凹口，这对贼来说并不安全，但是对于保护军火库来说足够了。我们把钥匙插进笨重的锁里，打开后，推开重重的门进去。墙有六英尺厚，是用结实的砖和灰泥铸就的。巨大房间里的空气因缺乏通风几乎令人窒息。地上堆着差不多三百个曾经用来售卖煤油但现在装着火药的锡罐。在不显眼的地方，放着二十支装有刺刀的来复枪，还有些子弹带。在大家的帮助下，我们把锡罐搬出去，用刺刀切开，然后将它们倒入壕沟。

随着每次炸药被倒入水中产生的撞击和飞溅，冒险的勇气让我们迷醉。在天黑之前，我们往沟壕里投掷了十四吨火药。在刚升起的朦胧月光下，我们排成列在田埂上行走，返回医院。肌肉的拉力提醒着我们每个锡罐有一百多磅重的事实。

我在医院外科医生更衣室里要睡觉却又睡不着的时候，格里斯带来一位信使。那天他跑了二十英里路，警告我们该城将被张敬尧的军队占领。我猛地站起来。我们将陷入糟糕的状况。张将军属于安福系，是中国最残酷、最无情的军阀。据信使讲，张敬尧的一个军官正沿着另一条路向南进军，要占领醴陵。如果不马上把湖南省的军队和全省的税收移交给他们，他们就会让湖南省变为废墟。

我知道必须毫不犹豫地阻止张将军重新把军火库填满火药。但是，怎么办呢？信使刚走，一位医院的勤务员冲进来，叫道，"快到医院的屋顶！"铁路东边有新的火焰，我们能看到北边的火焰。好像是将军点燃了抵制他的村子。他肯定将在明天上午抵达城市。

几分钟后，抬担架的人抬着北方十英里处受伤和烧伤的村民进来。他们讲述了残忍的北方士兵的恐怖故事。不久，更多受伤者陆续来到。我派出一位实习医师，带着一队我们自己的勤杂工和抬担架的人，到前线去帮助那些最严重的病人。不久，手术室挤满了需要紧急治疗的枪伤病人，走廊里排列着其他呻吟的病人。一位初级外科医生把我拉到一边，低声说，"医院没有足够的床位容纳已经到来的病人。我们必须马上找到更多的房间和床位。"

突然，一个念头跳入我的脑海，我们可以将军火库改成医院病房。尽管已是午夜，我叫来轿子，冲进市里，和几位士绅领袖商讨。他们都很热心，医院董事会的主席也很赞成，他说，"唯一要做的事就是，你能在今晚把病床搬过去吗？"

接下来的时间里，我们在微弱的月光下工作。天亮之前，我们已经在军火库里搭建起四十张病床。入口处挂着红十字会的旗帜。那位小个子看门人恢复了工作，穿着白色制服。笨重的钥匙不再挂在他口袋里了，而是和其他贵重物品一起存放在雅礼医院的保险柜里。我们把那些步兵刺刀也保管起来，直到将军征用它们。

那天晚上，医院的中国秘书以我的名义写了封官方信件，使用了各种古典的修辞手法，第二天送达新都督手里。我们知道，他将在中午就职。我们将整个军火库的改造的插曲展现在他眼前，好像我们是军队的战略家似的：

你将高兴地看到，我们已经清除了北门外一个非常危险的场所——位于一群学校中间的军火库，靠近大学，距离城市里主要医院太近，严重威胁着生命和财产的安全，我们在市长和城市领导者的同意下，于昨天下午把所有火药全部倒入壕沟里。

北郊现在非常安全，远离爆炸的危险。周边地区的人们知道将得到你的支持。此外，由于激烈战斗的危险，我们建议你的军队将敝医院视作治疗伤残的士兵和官员看病的中心。我们已经将病床和护士移至军火库，开设了照顾受伤军人的特殊病房。我们急需六百美元来完备医院设施，希望您能提供这笔钱。当我们收到捐献，将使病房完全准备就绪，并请您在周内参观。

第二天下午，一位特殊的信使送来了六百美金。

本周晚些时候，这位新都督参加了湘雅医院附属建筑的开幕仪式。他做了华丽的讲演，称赞现代医学，提到在他自己省里他常常看外国大夫。他恭喜这个省——不久他将在此证明自己是位残酷的虐待狂似的独裁者——在省会有这样的一所医学中心，"它是表明人类仁慈，提供专业服务的地方"。他向我们表示，他很高兴军火库已经被改造成一所康复设施如此完备的医院，服务于社会，最后他保证，只要他作为都督，省里一定会每年支付津贴。后来，我们不止一次向他提及这个诺言。

31 "你将在黎明时分被枪决!"

　　1925年，孙中山博士的去世标志着自私军阀之间的十年残酷战争的结束。那年春天，孙博士去世后的三个礼拜，我在北京，发现空气中已经充斥着新的推动力。孙先生是位有梦想并书写民主的人，他激起居住在美洲、欧洲和南洋群岛的中国人的热情帮助，将民主制度引入自己故乡，他是一位愤世嫉俗的理想主义者，突然间成为传奇。现在他是整个国家力量的源泉。东北的军阀能感受到这一点，全中国封建统治者都能感受到这一点。不平静的十年结束了。一夜之间，孙中山成为鼓舞中国的神。

　　在那些革命岁月里，学生们成为坚持民主政府的领袖。他们领导了1919年的反抗，反对《凡尔赛条约》中将德国在山东的一切特权转交给日本的决定。学生们匆匆赶到北京外交部，向部长做长篇讲演，并警告这个决定将危害到中国的主权。现在，伟大领袖去世了，他们想知道人们对真正民主的期望是否会逐渐消失。他们知道，美国和英国的思想领导者已经开始用讽刺的口吻谈论有关中国的"民主化"。

到处都有学生联合会，但是有创造力的领导却很少。他们变得喜欢喊口号，"打倒帝国主义！打倒英帝国主义！"中国共产党制造了许多令人不愉快的关于英国的评论，爆发了省港大罢工。

那年五月发生在上海的事件，即市政警察开枪杀害了几位正前往群众集会的中国学生，这点燃了整个中国。每个中学和大学的学生联合会都决定驱逐"外国人"和"帝国主义"。我对长沙学生的反应的第一手知识来自我们最出色的高年级学生之一，颜医生的女儿。

"我能和你私下谈谈吗？"她问道，"非常重要。"

她是位迷人的姑娘，校园里最有天才的学生之一。完成在美国的大学学业后，她返回中国在雅礼学院学习了一年。还有不到两周的时间，她就要毕业了。

在我的办公室，她兴奋地讲述她的故事，尽管如此坦率地讲述有些麻烦。"今天上午，除了医学院学生不愿参加外，整个学术院校的学生联合体将组织全城学生游行。"

她告诉我，他们向湖南教育大楼前面的大运动场行进，举着谴责所有西方人的标语。在演讲中，他们无情地痛斥英国人。当主席问学生联合会希望采取什么行动时，引起了巨大骚乱，一些人叫嚷着一种处罚，其他人叫嚷着另外一种。

最后，一项决议被提出，附议，并被大家鼓掌通过。即：有关所有长沙的外国人都应被带到行刑场，在第二天黎明时分枪决。

"你是名单中的第一人，"女孩断定。这个可疑的荣誉也许适合我，因为从1923年开始我就担任了医院和医学院的院长。带着忧虑和玩笑的口气，我问道，"谁是第二号？"

"教务长。但是，因为你是院长，所以他们认为你应当第一个被枪杀。"

她向我保证，她和其他高年级学生，以及整个学院的学生对我及教职员中的任何人都没有怨恨。她认为告诉我全市学生联合会的决议是她的责任。

她一离开，我就召集医学院和高中的教务长，颜医生也从医学院赶来。我们必须听从他的声音。不久，我们集合了所有部门的负责人，召开了一次简短的教员执行会议。一个行动计划很快布置好了。

回到家中，我拿起电话，拨了都督衙门的号码。一个声音马上回答道，"我是赵都督。"对于一位高官来说，能接来自外面的电话非同寻常。

我用短短几句话将情况说清楚。当然，他知道学生联合会举行的群众大会，但是不知道我们被牵涉其中。

"这很严重，"他慢慢说道，掂量着每个字，"但是你不必担心。我将马上派一支军队去你那里。"他询问还有多少教职员在工作，建议他们分成两组，从那时起整晚处于保护之下。如果早晨没有麻烦，我们就能肯定学生风暴已经过去。

那天下午，我们看到一队来自城里学校的学生们在位于校园西边的河边游行，举着的旗子上写着向"所有帝国主义国家复仇"的口号。学院看门人报告，当他们经过我们的大门时，一个学生向他喊道，学生联合会将在黄昏后攻击我们的校园。

我们严格遵照长官的指示办。整晚，我们设岗观察，每两小时一班，直到第二天看到长官的士兵在门口劝说学生取消我们的死刑。

第二天上午，许多轿子涌进校园，每抬轿子里都有一位身穿长丝袍的生气的父亲。校园里到处都可以听到父亲直白的责骂。

"我送你来这所学校干什么？"我们听到一位父亲说，"我为你选了长沙最贵的学校，希望你能很快成为南门外国立师范学校的化学老师。现在你失去了接受现代教育的机会，更甚者，你使我们整个家庭笼罩在被怀疑之中。你认为赵都督还会给我他曾保证过的职位吗？"

一整天，学生们中有许多沮丧的脸。但是没有骚乱！

一周后的毕业典礼日没有受到任何打扰。当我颁发大学毕业证书时，我看到了那位高年级女生迷人的目光。鞠躬接受自己的证书时，她的脸上洋溢着笑意。

这是我们的第五次毕业典礼。我不禁回想起1921年在学院教堂举行的有名集会，那是湘雅医学专门学校第一届毕业生接受学位，以及给护士学校的毕业生颁发毕业证书的集会。也就是那时，雅礼艺术与科学学院首次给第一批毕业生颁发学士学位。从那时起，我们看到了十五年不停努力的成果，确信九年前为医院的荣誉第一次放弃的两个条件现在已经完全满足了。中国的每个人都知道湘雅的名字标志着在医学教育中的合作。

这些年轻的医生和护士，和艺术学士一样，正穿着袍子缓慢走出教堂，就像四年前的毕业生那样，这象征着后继者会越来越多。他们将带领他们的人民迈过经验和实验科学之间的鸿沟。在中国建立实验医学将是缓慢的过程，但是这些年轻的医学毕业生拥有强烈的社会责任感，他们将帮助建立新的医学体系，为全中国人民提供治疗和预防护理。

32 "百年之计"

一年之计树谷

十年之计树木

百年之计树人

　　在接下来的一年里，没有军队闯入湖南，但四处流窜的游击队在北部两省交界处不断制造麻烦。与此同时，凝聚了中国革命精神的广州，却因为革命热情高涨和军事准备充分，形势变得紧张。蒋介石将军建立了一支新的革命军队取代了旧式军阀的雇佣军。1926年夏天，学生暴动发生一年后，蒋将军率领军队北伐，进入湖南省，沿着七十五年前与太平军相同的路线挺进长沙。军队在到达城市之前停下来了，派侦察兵前进，以确定铁路沿线没有强盗的埋伏。他们正快速赶往武昌，以期赶上10月10日辛亥革命爆发十五周年纪念日。

　　让人高兴的是，我们认识北伐军中最著名的人物之一——我们的老朋友，曾于1917年在我们这里避难的前都督谭延闿。当时我告诉他，湖南期望他回来。现在全体人民开始欢迎他。军队在前往长江中心城市的途中经过湘江流域，谭已经成了一位在军队中举足轻重的人物，对此我们感到骄傲。他有关人性的知识，他的宽容以及调解不同派别的能力使他成为蒋介石最信任的顾问。

他们一驻扎下来，谭延闿就带领将军们前来参观湘雅医院和医学院。几天后，医院收到了马上派医生前往司令部的电话。蒋介石将军正忍受着牙疼。医生立即前往。

当有人去传话的时候，医生和往常一样在接待室里等候，穿着制服的军官在房间里进进出出，有的停下来研究挂满墙的军事地图。这些地图和二十年前老聂长官的接待室墙上的有所不同。

医生喝着茶，和一位副官交谈着，询问从广州过来一路的旅程和天气。不久，一位看上去很精神的青年人，穿着衬衣，领口开着，来到桌前。医生问候道，"先生，贵姓?"

"蒋"，他直率地回答。旁观者都笑话医生没有认出将军。

检查牙齿没有耽误时间。平时的把脉被放弃了。这位军人需要的是行动力，而不是礼节。我们很快帮他拔掉了讨厌的牙齿，病人马上表示感谢。谭延闿刚好进来，谈话便转到了医学院的进步。

"先生，我们期望您成为我们医学工作的资助人，"医生告诉将军。"离开长沙后，无论在哪里建立军营，我们都希望您允许我们为您提供医疗服务。"他补充道，湘雅的名字意味着中国人和美国人之间的合作。美国人常常想让医学院和医院完全成为中国机构。他们只是搭建好脚手架的结构而已。

"我很高兴听到你这样说，"将军回答道，"感谢你们西方人为帮助中国人所做的一切，但是我们不能再支持帝国主义了。"正好国民政府在南京建立，他希望教育部选择一些医学院，进行国有化。他问道，如果我们被选中，董事会的成员会同意改名为国立湘雅医学院吗？

"那就是我们的方向，"美国医生回答道，"董事会的中国和美国成员都希望改变。"他解释道，美国的捐赠人在捐赠时已经规定，中国人应当认为并支持它成为他们自己的机构。

从那天开始，蒋介石一直持续支持湘雅的工作。几年后，教育部指定医学院为国立机构。湖南教育界领导人现在给政府的礼物比古代该省的朱砂贡品更有意义。

这次对谭延闿的拜访是我们医学道路上的里程碑，他早期曾和我们一起为建立湘雅机构而努力，亲自做了很多事，让我们的成就成为可能。

那年夏末，我辞去在中国的管理职位。长沙的报纸以社论的形式发表了公告：

> 长沙的教育工作者们感谢胡美医生，他的辞职建立在期望中国管理者能继续完成他的任务的基础上。他们现在经过专门训练，完全能够胜任。

从一开始，我的目标就是以这样的方式退出。事实上，教职员中所有的美国人都认为他们的任务是暂时的。我们打算一旦中国同事准备好了，就将领导职位转交给他们。

我们离开校园的方式非同寻常。送行的人群护送我们到长沙北的

在前线的湘雅医疗队

火车站，队伍像巨龙一样蜿蜒穿过旱地，前面两个人拿着两根长长的竹竿，上面缠着两串鞭炮，每串有一万个小鞭炮，中间夹有大鞭炮，不时有巨大的爆炸声打断温和的砰砰声。

在车站，都督的代表带信说都督为我们准备了一节私人车厢。但是，火车进站后，所有的空间都被部队占领了，他们匆忙奔赴北方，要与游击队战斗。没办法，我们只好到行李车厢。爬是爬进去了，但是没有一点空间。在邮件工人的建议下，我们在邮包的顶部打开被褥。

一大早，火车在侧线等了一个多小时。列车长非常冷静地告诉我们，几里外发现了一队伏兵，我们应当等待，直到装甲车到来，挂在火车前。到达武昌时，一百名全副武装的士兵从装甲车上涌出。我们被保护得很好。

在长沙车站上车时，最后一个与我们道别的是友好的老车夫。自从我们在西牌楼街建立医院开始，他就一直和我们在一起。那时他还是个十五岁的孩子，刚从农村出来，出于好奇心闯进医院。他经过看门人周的身边，藏在大门后，紧紧抱着他的小包袱。我是他见过的第一个外国人，此后很多年他还记得当时多么怕我。"后来我听你说，守夜夫，沿着走廊抓住那个贼。我看见他藏在门后，胳膊下有个小包。我几乎要吓死了。"

勤务兵打开门后，发现不是贼，只是一个从他家乡来的发抖的男孩。从那天开始，这个男孩属于医院了。他是很好的学徒。后来，又兼任信差。每天五点，去邮局取信。很晚的时候，如果我要出诊，他就帮忙抬轿子。最后，他成为医院的高级人力车夫。他和我们一起经历了骚乱和庆典，在湘雅医学院开张的时候，在新医院奠基的时候，在我们第一批医生毕业的时候。这三十年来，他和我们同甘共苦。

医院的高级人力车夫

他是第一个告诉我关于"树人"的中国古谚语的人。他是多么了解播种时期和收获季节！那是他孩提时代就熟悉的周期，他了解犁和耙，知道施肥和种植。他来医院工作后，发现我们也有着各种轮回，包括快乐和悲伤、清除石头和树桩以及犁地。

火车离开长沙时，我想到年轻的医生们，湘雅的第一批毕业生。我肯定，不久他们将为"百年树人"而努力。

几年后，我申请返回中国工作，加入了其他美国资助机构和中国地方领导人及国家卫生部的大型合作计划。这些合作已经在湘雅成功了。前往长沙的途中，经过岳州，从火车上我看到公路上一个拱门指向湖南，三十年前它就已经像岗哨一样站立在那里了。老士绅用来填充拱门的砖和石头已经掉落下来，散落在路边，碎裂成小块。

在长沙东站，停靠着一辆现代汽车，站在旁边的，是我们的老车夫，穿着整齐的医院新制服。"城墙变成了什么样了？"我问道，寻找着熟悉的地标。他们已经消失了，一起消失的还有"红毛将军"。取代它们的是宽敞的能行驶汽车的林荫大道。

车夫告诉我，拆卸古老城墙是多么浩大的工程，它的地基是两千年前奠定的。"医生们说，"他继续说道，"这已经给城市的卫生带来了巨大的变化，特别是对于那些城墙下的小巷子。"

不久，我们到达了熟悉的建筑物，但是现在规模更大了。在医院的对面，有新建的省立卫生中心，房顶上贴着蓝色的釉面砖，建筑物的线条就像中国传统佛教寺庙一样流畅、优雅。唯一的不同在于旧式的孔庙的房顶与古老北京的帝王庙一样，都是黄色的釉面砖。

一天下午，车夫带着我到城里赴何键长官的晚宴。在前往衙门的路上，我停下来，访问了护士学校。院长打开会议厅的大门，我看到令人吃惊的欢迎场景。一百名学生，都是女孩，起立鞠躬。我提醒她们，仅仅二十年前，盖妮贞小姐宣布了学校的开幕，描述了护士的含义是，"看护和守卫的专家"。我还记得第一批注册的女学生是多么的胆怯！

那天很晚才回程，在路上，车夫在医院广场的南门停了一会儿。他用手指向几百盏灯光闪烁的地方，就像夜晚的星星，那是从医院、医学院、护士学校和实验室窗户外照射出来的灯光。"看！"他说道，"不久前刚刚种下幼小种子，现在是多么伟大的收获呀！"

我的任务使我几乎到访了所有的省份，在参观的每个城镇，我对如此短时间里取得的进步感到惊奇。让我高兴的是，国家卫生部部长邀请我视察的地区，那里新建立的省立和县立的卫生机构已经开始运作。在一个村子里，我发现一位十二岁的男学生站在梯子上，在一块嵌入墙壁的石板上写字。他正书写着整齐的字，"村新闻，县新闻，卫生新闻"。这是村子的报纸。十年前，甚至五年前，中国村庄还对国家事务或卫生事务的每日公报没有一点兴趣。

在另外一个村子，我看见学生们休息时玩耍，臂上缠着"防火班"、"健康班"和其他类似的名字。中国的每个地方都开始有了卫生意识。

最令人满意的是参观湘雅毕业生的工作。吴（绍青）医生管理着首都的中央肺结核医院，已经制定了详细的控制肺结核计划，政府希望尽快在全中国推行。姚（克方）医生是贵州卫生专员，调查了疟疾和痢疾盛行的县，和不同种类蚊子的繁殖地。任（廷桂）医生、高（镜朗）医生和应（元岳）医生正在上海教育新一代医学生。

丰盛的收获！

结　语

道一風同

　　战争来临后，日本军队蹂躏着湖南，长沙这座"不可征服的城市"陷入了敌人的手中。心爱的医院被占领了。到处都是破碎的砖瓦灰泥，但是我们的工作继续着，不受破坏。

　　自中央旅社时期，我们就亲身经历了骚乱、革命和内战。那些斗争是中国孕育新的生活之路之前的阵痛。在接下来的日子里，残暴的敌人因嫉妒中国的团结和不断增长的力量，侵入这片土地，威胁到每项建设计划。

　　当敌人向长沙进军的时候，湘雅教职员和二百一十六名学生，开始西迁，其中有八十八名女生。桥梁被炸毁，河堤被冲垮，他们就乘船过江。当河流太浅，船只不能前行，他们就携带着抢救出来的成捆的图书及设备涉水而行。他们偶尔停下来休息时，教职员就给他们上课。

　　最后，他们抵达了贵阳，被安置在旧庙或简陋的泥屋里，茅草的屋顶还是他们自己铺上的。现在，他们理解了描述贵州省的几句古话：天无三日晴，地无三尺平，人无三分银。

避难的学生就在这些土房子里吃饭、住宿。开始的时候，有些课程露天进行，将泥砖垒起来作为课桌。晚上，学生们使用蜡烛学习，后来换成了煤油灯。他们笑着讨论使用旧时学者车胤的古老办法。当他还是孩子的时候，没有油灯，夏天晚上，抓住几百只萤火虫，在它们的光芒下研读经典。

湘雅医学院获得了一项殊荣，即是中国第一家被要求组织医院到前线的。医疗队被派往缅甸路靠近怒江的地方，那里，人们借着用石油浸过的麦秆做成的火把的光线，正在开凿穿过满是岩石的山腰的道路。

我们为湘雅毕业生在中国各地战时的成绩而自豪。张孝骞医生，医学院的校长，如此勇敢地率领学生长途跋涉到达贵阳；六年后，又迁往重庆。学生们全程步行六百里。汤（非凡）医生在一座种满了柳杉和银杏树的老庙里为政府制作瘟疫疫苗。面对日本人的进攻，肖（元定）医生坚守着湘雅医院管理人的岗位，在城市的东、西、北三处开设了分院，在战争期间也保持着学校的有力影响。

整个战争期间，我们不断问自己，湘雅事业能逃过解散的命运吗？我们有充分理由相信，只要中国幸存，那么它也会幸存。离胜利还很遥远的时候，当我们询问中国能否幸存时，我们就知道她会继续存在的。她的历史延续了四千多年。

尽管受到来自陆地和海上的攻击，尽管城市和海岸线被封锁和轰炸，但是中国不屈不挠地生存着，正如她每次面对敌人时一样。她的根基坚固，因为深扎于从不屈服的土壤中。她的人民的内心很有活力，足以对抗毁灭。

现在胜利属于中国，她的医生们重新开始寻求更多的知识。他们对过去的宝贵遗产充满自信，对国家健康和社会福利新模式非常敏感，甚至，他们现在正热心铸就东西方精神的联系。

只有那些通过友好方式到达中国本土的人，才能有效地进入她的生活。